王庆华 ◎ 著

ZHONG GUO MIN ZU DI QU
JING JI FA ZHAN YU HUAN JING ZHI LIANG
GUAN XI YAN JIU

中国民族地区经济发展与环境质量关系研究

辽宁人民出版社

图书在版编目（CIP）数据

中国民族地区经济发展与环境质量关系研究 / 王庆
华著．— 沈阳：辽宁人民出版社，2024.7. — ISBN
978-7-205-11198-4

Ⅰ. F127.8；X321.2

中国国家版本馆 CIP 数据核字第 2024F9P025 号

出版发行：辽宁人民出版社
　　　　　地址：沈阳市和平区十一纬路 25 号　邮编：110003
　　　　　电话：024-23284325（邮　购）　024-23284300（发行部）
　　　　　http://www.lnpph.com.cn
印　　刷：辽宁新华印务有限公司
幅面尺寸：170mm×240mm
印　　张：8.5
字　　数：120 千字
出版时间：2024 年 7 月第 1 版
印刷时间：2024 年 7 月第 1 次印刷
责任编辑：郭　健　张婷婷
装帧设计：G-Design
责任校对：吴艳杰
书　　号：ISBN 978-7-205-11198-4

定　　价：48.00 元

前　言

经济发展与环境保护长期以来一直是一对矛盾共同体。从唯物辩证法的发展观来看，事物发展的规律呈现波浪式前进和螺旋式上升。改革开放使我国的经济有了翻天覆地的变化：我国 2017 年 GDP 为 1978 年的 224.79 倍。经济的高速发展极大地提高了我国人民的物质生活水平，但与此同时也带来了环境污染的隐忧。从本世纪初开始，我国的环境污染问题便在经济较为发达的地区逐渐显现。随后，由于要素成本、环境容量以及转型升级等原因，我国产业由东部沿海经济较为发达的地区向中西部地区转移。在这些转移的产业中，多以劳动密集型和资源消耗型产业为主，同时也伴随着污染的转移。在经济欠发达的中西部民族地区是否也存在污染逐渐升高的趋势，这一疑问成为本研究的逻辑起点。

本研究以多氯联苯（PCBs）、新型溴代阻燃剂（NBFRs）和有机氯农药（OCPs）三类持久性有机卤族污染物为研究对象，探讨这三类物质在吉林省伊通满族自治州、山东省潍坊市、湖南省怀化市、四川省甘孜藏族自治州、海南省陵水黎族自治县 5 个城市不同年龄段人体血清中的水平和分布特征。研究结果不容忽视：我国的产业转移正在向污染转移发展。

本研究还针对上述三类物质对民族地区的影响，从加强 POPs（可持续有机污染物）类物质的监测研究和加强产业承接地环境规制两个方面提出对策建议，促进民族地区经济、社会、环境的可持续发展。

目 录

第一章 绪 论

第一节 研究背景

一、我国产业转移与环境污染

改革开放四十多年使我国的经济有了翻天覆地的变化。我国 2017 年 GDP 为 1978 年的 224.79 倍,年均经济增速 9.5%,远高于同期全球经济 2.9% 左右的年均增速。我国 GDP 占世界生产总值的比重由 1978 年的 1.8% 上升到 15.2%,目前我国已是世界上第二大经济体[1]。经济的高速发展极大地提高了我国人民的物质生活水平,但与此同时也带来了环境污染的隐患。

从唯物辩证法的发展观来看,事物发展的规律呈现波浪式前进和螺旋式上升。诚然,纵观近代人类经济社会的发展进程,无不出现“肯定—否定—否定之否定”这三个阶段。2000 年以来,环境问题逐渐在京津冀、长三角、珠三角等经济较为发达地区显现。近年来,经济较为发达地区的环境质量持续改善,反倒是经济欠发达地区的环境问题愈演愈烈。以京津冀地区空气质量为例。2017 年北京市 PM2.5 年均浓度降至 58 微克 / 立方米,在同年的国家空气质量考核中被评为优秀。但 2017 年,河北省仍有 6

个设区市全年空气重度污染及以上天数超过 30 天。这种污染转移的现象引起了研究人员的注意,同样也成为本研究的关注点。贺曲夫、刘友金[2]运用 2000—2010 年的统计数据对我国东中西部地区间产业转移的特征与趋势进行研究,发现我国东部地区向中西部地区转移的产业数量和规模都在不断扩大。龚晓菊和刘祥东[3]通过对东、西部地区产业梯度系数的计算,认为西部各省承接的主要是资源密集型行业以及化工"金属冶炼"电气机械等行业。贺胜兵[4]等基于动态因子分析的中部地区产业转移资源环境承载力研究发现:产业转移也伴随着一定程度的资源消耗转移和环境污染转移。胡志强、苗长虹[5]以我国 31 个省市为研究对象,通过基尼系数和产业集中率等指标对 2000—2014 年污染产业转移的空间特点进行了分析,结果发现 2000—2014 年东部沿海地区省份的污染产业以转出为主,中西部内陆地区省份污染产业的承接规模上升,污染产业的转移会造成工业污染的转移,尤其以工业废水、废气为重。

产业转移带来了污染转移?在提倡高质量发展的今天,经济"繁荣"的背后是以牺牲环境为代价?在经济相对不发达的中西部民族地区是否也有环境质量下降、污染加重的现象?这些疑问成为本研究的逻辑起点。

二、我国民族地区经济发展与环境状况

我国 55 个少数民族在国土面积内的分布呈现出"大杂居,小聚居"的特点。从整个国家来看,55 个少数民族散布在全国 31 个省(区、市);从省级行政区来看,少数民族较为集中的宁夏、广西、新疆、西藏、内蒙古、贵州、云南、青海在我国政府统计数据上称为"民族八省区"。另外,我国还有 30 个民族自治州和 120 个民族自治县(旗)分布在不同的省(区、市),例如位于我国西部地区的四川省甘孜藏族自治州、中部地区的湖南省怀化市(下辖通道侗族自治县、新晃侗族自治县、芷江侗族

自治县、靖州苗族侗族自治县、麻阳苗族自治县）和吉林省四平市伊通满族自治县以及东部地区的海南省陵水黎族自治县。我国大部分民族地区属于经济欠发达地区，随着工业化进程的不断深入，环境问题随之显现。2015 年，民族地区人均国内生产总值为全国平均水平的 69.25%，是东部地区九省市（北京、天津、上海、辽宁、山东、江苏、浙江、福建、广东）的 37.34%[6]。民族地区工业基础薄弱，企业亏损面为 9.9%，亏损总额增长 24.5%；种植业生产收入占农民家庭经营性收入的一半以上，收入对种植业依赖较强。2015 年，民族地区单位国内生产总值能耗高于全国水平，且下降速度慢于全国水平[7]。有研究[8]截取 1999—2008 年民族地区经济环境 10 年面板数据，对民族地区经济增长与环境污染库兹涅茨曲线进行实证检验，模型结果显示按照现在的发展趋势，经济发展将继续加重环境污染，民族地区总体上处于经济增长同环境质量相互竞争的阶段。民族地区一方面是经济发展的滞后，另一方面是环境污染的升高，经济与环境之间的矛盾日益凸显。工业的粗放式发展是民族地区环境严重污染的直接原因。2015 年 9 月，据《潇湘晨报》报道[9]，湖南省人大曝光了 7 个怀化水污染严重点源，其中有 4 个直接来自工业污染。民族地区的环境污染问题究其原因主要为产业结构的不合理：第一、第二、第三产业比例失调。以怀化为例，2016 年，三产结构为 14.3∶38.2∶47.5，第一产业占比远高于我国平均水平（8.6%），第二、第三产业低于我国平均水平（39.8%、51.6%），工业发展严重滞后，处于工业化初期阶段的怀化，仍需通过加快工业化进程来优化产业结构[10]，提升经济发展水平。2010 年，国务院发布《关于中西部地区承接产业转移的指导意见》，指出中西部地区应发挥资源丰富、要素成本低、市场潜力大的优势，积极承接国内外产业转移。由于要素成本的上升、资源环境压力的增大、经济转型升级的需要，我国东部沿海地区产业向中西部地区转移的步伐持续加快。我国的民族地区大多位于中西部地区[11]，囿于现有的科技水平，随着工业化的不断深入，不可避免地会使用到一类威胁人类身体健康的化学物质：持久性有机污染物（Persistent Organic Pollutants, POPs）。

多氯联苯（Polychlorinated Biphenyls, PCBs）是一种有机氯化合物，在世界各地广泛用作增塑剂、液压和介质流体、阻燃剂和油漆添加剂[12]。全世界已经生产了大约 1.3×10^6 吨多氯联苯[13]。美国是多氯联苯的主要生产国，在 1929 年至 1977 年期间生产了 6.4×10^5 吨（占全球总产量的 48%）。我国 PCBs 油的生产始于 1965 年，有 4 家生产企业，1974 年至 20 世纪 80 年代初逐步停止生产。据初步调查和分析，其累计产量约 7000—10000 吨[14]。据彭艳超[15]等人的研究，我国 PCBs 在环境中的污染状况按东、中、西部地区划分占比为 5∶3∶2。何畅在黄河流域环境介质中有机卤素化合物的研究中发现：从整个黄河流域来看，黄河东部地区大气和树皮中 PCBs 水平高于中西部地区[16]。近年来，随着从东部地区向中西部地区产业转移的发生，主要用于工业的 PCBs 在不同区域环境中的分布也可能发生变化。

新型溴代阻燃剂（Novel Brominated Flame Retardants, NBFRs）在纸张制品、木制品、编织物、橡胶、电子和塑料制品中广泛使用[17]。据文献报道，目前六溴苯（HBB）在我国和日本均有生产，在欧洲国家和美国没有生产记录[18]。2001 年，日本在商业品中使用约 350 吨 HBB[19]。五溴甲苯（PBT）在中国、美国和以色列均有生产，全球年产量大约为 1000—5000 吨[20][21]。PBT（商品标签 FR-105）在美国使用较为广泛[22]。吴辉等人[23]的研究发现，位于东部地区的山东潍坊和西部地区的广西南宁大气中 NBFRs 含量的算术平均值为 $4.2 \times 10^3 pg/m^3$ 和 $11.9 pg/m^3$。

从 20 世纪 50 年代开始，有机氯农药（Organochlorine Pesticides, OCPs）在全球广泛用于杀灭和控制害虫。1960—1970 年，有机氯农药开始被大量使用，用于保护作物和预防疾病。20 世纪 50 年代至 80 年代，OCPs 在我国广泛生产和使用[24]。我国生产的滴滴涕（DDT）和六氯环己烷（HCH）总量分别为 4.0×10^5 吨和 4.9×10^6 吨，分别占全球总产量的 33% 和 20%[25]。从何畅[16]在黄河流域环境介质中有机卤素化合物的研究可以看出，在大气和树皮中，黄河中下游地区 OCPs 的浓度都高于黄河上游地区。从历史上看，我国长期以来一直是农业大国，沿江流域基于自然条件的原因，多年来一直是我国农业发展的重地。在现今产业转移的背景下，以往的趋势是否会发生变化是本研究的关注点。

后来的研究证明，上述物质会不同程度地对人体产生危害。Min 等人[26]对《美国国家健康和营养调查研究（1999—2004）》（NHANES）调查的 34 种 PCBs 水平数据进行甄选和分析，去除了 23 种水平 90% 低于检测线的 PCBs 同族体，选定 11 种 PCBs 的同族体（PCB-74,-99,-118,-138,-153,-170,-180,-187,-194,-196,-199）与待测人群听力损伤进行相关分析，研究表明 PCBs 水平的高低与听力损伤人群的数量呈正相关性。NBFRs 是指一些最新被添加在工业品中或在环境中新发现的溴代阻燃剂[17]，对毒性作用缺乏足够的研究与数据，但有研究认为它是潜在的可持续性有机污染物[16]。OCPs 为典型的环境荷尔蒙物质，对皮肤、肝脏、肠胃系统、内分泌系统、免疫系统等都具诱导效应。王春林等人[27]对 OCPs 是否干扰妇女免疫、内分泌从而导致子宫内膜异位症开展研究，结果表明甲氧滴滴涕是诱发子宫内膜异位症的重要原因。该研究通过相关性分析发现，甲氧滴滴涕低、中、高残留量与性激素促卵泡激素呈正相关（$p<0.05$），与雌二醇呈负相关（$p<0.05$），从而得出甲氧滴滴涕主要是通过影响性激素的分泌引发子宫内膜异位症的结论。

第二节　研究综述

持久性有机污染物（Persistent Organic Pollutants，POPs）是指在环境中半衰期较长、易溶于脂类、具有生物富集和放大作用，能进行长距离迁移的一类半挥发性且毒性极大的有机污染物。由于 POPs 的三致效应及其在世界范围内的大量生产和广泛使用，受到了世界各国的广泛关注。为了减少 POPs 对人类健康和环境的危害，国际社会于 2001 年在瑞典通过了《关于持久性有机污染物的斯德哥尔摩公约》（以下简称《斯德哥尔摩公约》）。同年 5 月，我国签署了《斯德哥尔摩公约》成为缔约国。《斯德哥尔摩公约》于 2004 年正式生效，规定了 12 种需缔约国严格控制与削减的 POPs〔艾氏剂、氯丹、滴滴涕、狄氏剂、异狄氏剂、七氯、六氯苯、多氯联苯、灭蚁灵、毒杀芬、多氯代二苯并-对-二噁英、多氯代二苯并呋喃被称为"肮脏的一打（Dirty Dozen）"〕。然而近年来，许多新型有机污染物如溴代阻燃剂、全氟污染物不断地从各种环境介质和人体样本中被发现，进而成为国际社会关注的新热点。2009 年 5 月 4—8 日在瑞士日内瓦举行的缔约方大会第四届会议决定将全氟辛基磺酸及其盐类、全氟辛基磺酰氟、商用五溴联苯醚、商用八溴联苯醚、开蓬、林丹、五氯苯、α-六六六、β-六六六和六溴联苯等 9 种新增化学物质列入公约附件 A、B 或 C 的受控范围。2011 年 4 月 29 日，公约缔约方大会第五次会议通过了《〈斯德哥尔摩公约〉新增列硫丹修正案》，将硫丹增列入公约附件 A 的受控名单。2012 年 8 月 30 日，我国第十二届全国人民代表大会常务委员会（以下简称全国人大常委会）第四次会议决定批准《〈斯德哥尔摩公约〉新增列九种持久性有机污染物修正案》和《〈斯德哥尔摩公约〉新增列硫丹修正案》[28]。

长期以来，持久性有机卤族污染物作为 POPs 的重要成员已广泛应用到生活生产的各个领域。PCBs 由于其绝缘、阻燃的特性被广泛用于电子、电器设备和日常生活用品[26]。近年来的研究表明，由于持久性有机卤族污染物特殊的物理化学性质，使得其可进行长距离迁移[29]，能在人体中不断积累难以降解，并且该类物质还具有较强的毒性，其中许多污染物不仅具有三致作用，还具有环境内分泌干扰作用，对人类的健康具有较大的潜在威胁。鉴于 OCPs 类物质对人体健康的威胁，美国[30]和法国[31]等经济较为发达的国家已经将 OCPs 水平列入国民健康评价指标体系。

一、持久性有机卤族污染物概况

据统计报道[32]，20 世纪 20 年代至 80 年代末，全世界约生产 2×10^7 吨工业多氯联苯（PCBs），广泛应用于变压器和电容器内的绝缘介质、热交换剂、润滑剂、增塑剂等，其中约 31% 已排放到环境中。PCBs 的化学通式为 $C_{12}H_{10-x-y}Cl_{x+y}$，见图 1-1。根据氯化程度不同，商业 PCBs 混合物产品分为 Aroclor1242（含氯 42%）、Aroclor1248（含氯 48%）、Aroclor1254（含氯 54%）和 Aroclor1260（含氯 60%）。由于多氯联苯的理化性质稳定，难以降解（其半衰期长达 40 年左右），某些异构体和同族体高度的生物富集性，可通过食物链逐渐富集至高营养级生物体内，主要同族体物理化学性质见表 1-1。Sobek 等对北极 3 个营养级生物体中 4 种 PCBs 同族体含量水平（脂重）的研究发现，PCBs 具有明显的生物富集效应[33]；Figueiredo 等人[34]对芬兰湖泊生态系统调查发现，PCBs 生物富集效应显著，并发现生物富集因子与 PCBs 的 log Kow 呈现正相关性。由于 PCBs 稳定的物化特性使之能进行远程迁移，从北极熊到南极的海鸟蛋[35][36]，甚至在海拔几千米的西藏南迦巴瓦峰上也检测出了 PCBs 的存在[37]。

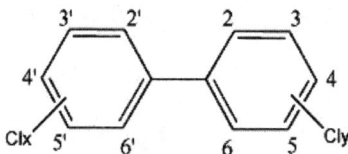

图1-1 PCBs 的分子结构式（1 ≤ $x+y$ ≤ 10）

表1-1 12种DL-PCBs同族体物理化学性质（25℃）

化合物	氯取代位置	摩尔质量	溶解度（mg·L^{-1}）	log Kow	WHO$_{TEF-2005}$[38]
PCB-81	3,3',4,4'	292.0	4.3×10^{-3}~1.0×10^{-2}	6.36	0.0003
PCB-77	3,3',4',5	292.0	4.3×10^{-3}~1.0×10^{-2}	6.36	0.0001
PCB-123	2',3,4,4',5	326.4	4.0×10^{-3}~2.0×10^{-2}	6.74	0.00003
PCB-118	2,3',4,4',5	326.4	4.0×10^{-3}~2.0×10^{-2}	6.74	0.00003
PCB-114	2,3,4,4',5	326.4	4.0×10^{-3}~2.0×10^{-2}	6.65	0.00003
PCB-105	2,3,3',4,4'	326.4	4.0×10^{-3}~2.0×10^{-2}	6.65	0.00003
PCB-126	3,3',4,4',5	326.4	4.0×10^{-3}~2.0×10^{-2}	6.89	0.1
PCB-167	2,3',4,4',5,5'	360.9	4.0×10^{-4}~7.0×10^{-4}	7.27	0.00003
PCB-156	2,3,3',4,4',5	360.9	4.0×10^{-4}~7.0×10^{-4}	7.18	0.00003
PCB-157	2,3,3',4,4',5'	360.9	4.0×10^{-4}~7.0×10^{-4}	7.18	0.00003
PCB-169	3,3',4,4',5,5'	360.9	4.0×10^{-4}~7.0×10^{-4}	7.42	0.03
PCB-189	2,3,3',4,4',5,5'	395.3	4.5×10^{-5}~1.0×10^{-4}	7.71	0.00003

　　新型溴代阻燃剂（NBFRs）是指一些最新被添加在工业品中或在环境中新发现的溴代阻燃剂[17]，分子结构式见图1-2。它作为典型溴代阻燃剂的替代品被广泛使用，如六溴苯（Hexabromobenzene，HBB）、五溴甲苯（Pentabromotoluene，PBT）、四溴对二甲苯（2,3,5,6-tetrabromo-P-xylene，pTBX）及五溴苯（1,2,3,4,5-pentabromobenzene，PBBz）等，物理化学性质见表1-2。目前，中国、日本、美国均有工厂生产 NBFRs，全世界年产量为 10 万—18 万吨[39]。随着对 NBFRs 认识的不断深入，它的一些特殊性质逐渐被研究人员发现。Nyholm 等人[40]通过对 HBB 在大气、底

泥等环境介质中水平的分析，证明其具有生物富集作用。Verreault[41] 在北极鸥的蛋及血液中检出 PBT 的存在，含量分别为 0.12ng/g（脂重）和 0.15ng/g（脂重），证明 PBT 具有远距离迁移的能力。

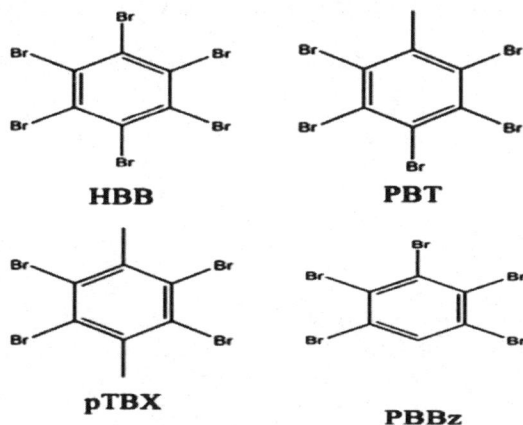

图 1-2　4 种 NBFRs 的分子结构式

表1-2　5种NBFRs的物理化学性质

化合物	分子式	摩尔质量	熔点	溶解度（mg·L^{-1}）	log Kow	蒸汽压（Pa）
HBB	C_6Br_6	551.5	327℃	7.7×10^{-4}	5.85	1.1×10^{-4}
PBBz	C_6HBr_5	472.6	371℃	7.0×10^{-4}	5.53	1.4×10^{-4}
PBT	$C_7H_3Br_5$	486.6	280℃	7.8×10^{-3}	5.87	1.2×10^{-3}
pTBX	$C_8H_6Br_4$	421.7	254℃	7.7×10^{-4}	5.50	7.7×10^{-4}

有机氯农药（Organochlorine Pesticides，OCPs）是一类人工合成的持久性有毒有害有机化合物，为典型的环境荷尔蒙物质，对皮肤、肝脏、肠胃系统、内分泌系统、免疫系统等都具诱导效应，分子结构式见图 1-3，主要同族体物理化学性质见表 1-3。它是历史上最早最大规模使用过的高效广谱杀虫剂，使用时间长、用量大，主要包括 HCHs、六氯苯（HCB）、DDT、林丹等。工业 HCHs 为不同异构体的混合物，包括 α-HCH、β-HCH、γ-HCH，其质量分数分别为 60%—70%、5%—12%、10%—15%[42]。林

丹的主要成分是 γ–HCH，质量分数约占 97%。过去 HCB 被用作杀菌剂，现在主要用作氯化物生产的中间体。尽管世界上大多数国家早在 20 世纪七八十年代已经禁止或限制生产和使用此类农药，但由于其半衰期长、不易降解和代谢、能够在大气环境中长距离迁移等特性，在国内外一些重要河流和海域沉积物中仍可广泛检出[43][44]，甚至在南北极地区和青藏高原地区也有 OCPs 的检出[45][46][47]。

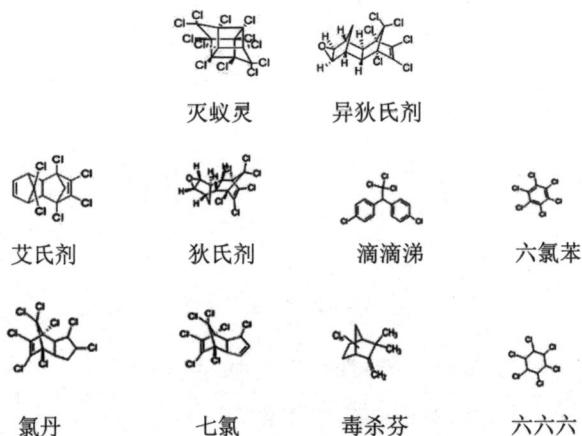

灭蚁灵　　　异狄氏剂

艾氏剂　　　狄氏剂　　　滴滴涕　　　六氯苯

氯丹　　　七氯　　　毒杀芬　　　六六六

图 1-3　10 种 OCPs 的分子结构式

表1-3　10种主要OCPs同族体物理化学性质

化合物	分子式	摩尔质量	溶解度（mg/mL）	log Kow	土壤中半衰期
艾氏剂	$C_{12}H_8Cl_6$	364.9	<1（24℃）	5.17—7.40	20 天—1.6 年
狄氏剂	$C_{12}H_8Cl_6O$	380.9	<1（24℃）	3.69—6.20	3—4 年
异狄氏剂	$C_{12}H_8Cl_6O$	380.9	<0.25（25℃）	3.21—5.60	12 年
滴滴涕	$C_{14}H_9Cl_5$	354.5	<1（21℃）	4.86—6.91	2—4 年
氯丹	$C_{10}H_6Cl_8$	409.8	<1（23℃）	6.00	
七氯	$C_{10}H_5Cl_7$	373.3	0.18（25℃）	4.40—5.50	
灭蚁灵	$C_{10}Cl_{12}$	545.6	<1（24℃）	5.28—6.89	10 年
毒杀芬	$C_{10}H_{10}Cl_8$	413.8	<1（19℃）	3.23—5.50	
六氯苯	C_6Cl_6	284.8	<1（20℃）	3.03—6.42	
六六六	$C_6H_6Cl_6$	290.8	<0.02（25℃）		

二、国外人体血清中持久性有机卤族污染物水平

（一）PCBs

近年来，国外关于人体血清中 PCBs 的研究已从单纯的污染源区暴露水平向含量水平与年龄、性别、饮食习惯、种族的相互关联研究转化。在对远离大陆的法罗群岛 7 岁和 14 岁儿童血清中 PCBs 的研究发现[48]，几乎待测的所有同族体均有检出（PCB-18，-28，-44，-74，-105，-118，-138/158，-153，-156，-157，-170，-180）。该项研究发现，PCBs 的水平含量与当地居民的饮食习惯密切相关：在被测的儿童中，越早以鲸脂为食物的其体内血清中 ΣPCBs 水平越高。在儿童血清中，从 7 岁开始食用鲸脂的，其 ΣPCB 水平为 885 ng/g（脂重）；14 岁开始食用鲸脂的，其 ΣPCB 水平为 613 ng/g（脂重）；直到 14 岁仍未以鲸脂为食的，其 ΣPCB 水平为 373 ng/g（脂重）。该项研究工作进一步证实了 PCBs 具有长距离迁移的能力并能在人体内富集。Cerna 等人[49]对捷克 5 个城市区域成年人体血清含量与年龄、性别、工作地、吸烟习惯、身体质量指数（BMI）进行了相关性分析，结果表明：与其他相关研究类似[50][51]。该项研究同样验证了 PCBs 的水平含量与年龄呈正相关性，并指出年龄每增长 1 岁，PCB-153 的水平会增加 3%；该研究认为高氯代同族体在男性血清中含量要高于女性，尤其 PCB-153 和 PCB-180 的水平含量，这与 Bates[52]、Needham[53]、Costopoulou[54]、Park[55] 等人的研究结果相一致；与国内外大多数研究结果一致，该研究同样认为工作于污染源所在地和工业园区的人群中 PCBs 水平要高于其他区域，尤其是 PCB-138、PCB-153 和 PCB-180；对于吸烟与 PCBs 的水平含量，该研究结果显示吸烟人群中 PCB-52、PCB-138、PCB-153、PCB-180 要高于不吸烟者，但却与 Chen 等人的研究结论相反[56]，Apostoli 和 Donato 等人的研究指出二者并无相关性[57][58]；该研究仅发现

PCB-180 与 BMI 呈负相关性，其他同族体并无相关联系。在 Pavuk 对美国 Anniston 社区（1929—1971 年为 PCBs 生产地）765 名成年人的健康调查显示[59]：从种族上来看，非裔美国人各年龄段的血清中 PCBs 水平均高于白种人，相差最大近 3 倍〔在对 60 岁以上人群的调查结果显示：非裔美国人 ΣPCBs 几何平均值为 1874ng/g（脂重）；白种人为 684ng/g（脂重）〕；从性别上来看，血清中 PCBs 水平无明显差异〔非裔美国人男女血清 ΣPCBs 分别为 903ng/g（脂重）、849ng/g（脂重）；当地白种人男女血清 ΣPCBs 分别为 349ng/g（脂重）、342ng/g（脂重）〕。对于不同种族的巨大差异性，该研究分析原因可能来自饮食习惯和居住地点的选择：非裔美国人相对白种人而言，有更多的人有饮酒的习惯，其居住地的选择更靠近废弃的 PCBs 生产地（非裔美国人居住地平均距废弃的 PCBs 生产地 2.4 公里，而白种人为 4.2 公里）。Sjodin 等人[60]对美国人体血清中 PCBs 进行了长时间的跟踪研究，结果显示从 1985 年到 2002 年 PCBs 水平呈下降趋势。

（二）NBFRs

国外文献中对于人体血清中 NBFRs 水平的报道较为少见。Nadeem 等人[61]在巴基斯坦对城市和农村母亲和孩子体内血清中的有机卤族污染物开展研究，对于 NBFRs 仅检测出 BTBPE〔1，2- 双（2，4，6- 三溴苯氧基）乙烷〕。在农村母亲、孩子和城市孩子血清中 BTBPE（脂重）的检出率分别为 24%、35%、18%，水平范围分别为 0.2—8ng/g、1—6.5ng/g、<0.2ng/g，城市母亲和普通大众的血清中均未检出 BTBPE。1988 年，日本研究人员 Yamaguchi 等[62]第一次在日本人体脂肪组织中发现了 PBBz，随后在其人乳中检出。Shen 等[63]研究发现芬兰和丹麦两个国家人乳中 PBBz 的浓度分别为 7.0pg/g 脂重和 14pg/g 脂重。

（三）OCPs

目前，经济较为发达的国家已经将 OCPs 水平列入国民健康评价指标，纳入国家计划，如美国和法国。大多数国外学者对于人体血清中 OCPs 的研究较为集中在该物质对人体健康的潜在威胁及其背后产生原因的深入剖析。有研究发现[64]，韩国孕妇血清中 Σ_{19}OCPs 水平与脐带血中含量水平呈正相关。Azandjeme 等人[65] 对目前仍在使用有机氯农药作为杀虫剂的西非国家（贝宁）人体血清中 Σ_4OCPs（p, p'-DDT、p, p'-DDE、β-HCH 和反式–九氯）进行研究。研究地区为贝宁重要的羊毛生产地，而当地人直至现今仍在使用有机氯农药为草场灭虫。研究结果显示：Σ_4OCPs 总水平含量很高，尤其是 p, p'-DDT，几何平均水平高达 497.1ng/g（脂重）。该项研究发现，糖尿病患者 Σ_4OCPs 总水平显著高于其他人群，p, p'-DDE 平均水平为 1338.8ng/g（脂重）。2006—2007 年，法国进行了一次"全国营养和健康研究的调查（ENNS）"。研究人员[31] 通过 ENNS 检测了本国居民血清中 Σ_6OCP（HCB、DDE、DDT、α-HCH、β-HCB 和 γ-HCH）的水平，其中 γ-HCH 未检出。Σ_6OCP 中最高水平为 DDE，几何平均值和范围分别为 117.7ng/g（脂重）、101.7—136.2ng/g（脂重），且水平随年龄线性增长（2.24%/ 年）。血清中 HCB、DDT、α-HCH、β-HCB（脂重）几何平均值（范围）分别为 24.3ng/g（22.5—26.3ng/g）、4.0ng/g（3.3—4.8ng/g）、0.66ng/g（0.60—0.75ng/g）、30.4ng/g（27.6—38.0ng/g）。β-HCH 和 HCB（$r=0.84$, $p<0.001$）、β-HCH 和 DDE（$r=0.62$, $p<0.001$）、HCB 和 DDE（$r=0.59$, $p<0.001$）均呈正相关；β-HCH 和 HCB 水平随体重的增加而下降。研究发现 6 种 OCP 物质水平随年龄的增加而升高，且女性高于男性。文章指出女性水平较高源于她们相对于男性更多地接触含有 OCPs 的果树和蔬菜。Jain[30] 通过分析《美国国家健康和营养调查研究（2001—2002）》的数据对 OCPs 在血清中的水平和甲状腺功能之间的关系进行了研究。研究结果表明，促甲状腺素（TSH）水平与反式九氯水平呈正相关；总血清甲状腺素 T4（TT4）水平与反式九氯水平呈负相关；在 60 岁以上的男性

中，TSH 水平与 p，p′-DDE 水平正相关。Kezios[66]等人的研究表明，p，p′-DDT 在新生儿血清中的水平与出生体重正相关，p，p′-DDE 则与体重呈负相关；出生体重的高低与之前母体的暴露水平有关。

三、国内人体血清中持久性有机卤族污染物水平

（一）PCBs

据大多数文献报道显示，污染源区和其他区域中人体血清中 PCBs 的水平差异显著。由于我国东部沿海地区经济发展程度相对较高，报道的 PCBs 水平也相对较高，因而国内的学术研究也大多集中于此。Bi 等人[67]在 2007 年对广东贵屿电子垃圾处理厂工人的血清进行检测，PCBs 的水平为 17—180ng/g（脂重），平均值为 69ng/g（脂重），与濠江对照组水平（脂重）无明显差异（范围为 22—140ng/g，平均值为 65ng/g）。有研究人员在对我国东南部地区电子垃圾回收区孕妇和距其 250 公里之外的孕妇进行血清中 PCBs 水平对比发现，处于污染源区的样本水平要远远高于对照组，污染源区的样本水平为 43.22—1167.01pg/g，对照组的样本水平为 3.81—321.76pg/g[68]。Wang 等人[69]对我国莱州湾人体血清中 PCBs 的水平进行了分析，Σ_{14}PCB（PCB-77、-81、-105、-114、-118、-123、-126、-156、-157、-167、-169、-170、-180、-189）的平均水平为 7.1ng/g（脂重），范围为 3.9ng/g（脂重，20—29 女性）—11ng/g（脂重，50—59 岁男性）。在探究最高水平出现在 50—59 岁男性时（而不是 60 岁以上的人群），该研究指出：我国从 1964 年才开始生产 PCBs，这个年龄段的人群刚好在此后出生，结果表明暴露时间是影响血清中 PCBs 水平的重要因素。何升良等人[70]对我国浙江一电子垃圾拆解地新生儿血清样本进行分析，研究发现新生儿血清样本中 PCBs 水平为 0.578ng/g 脂重。于丽娜等人[71]对我国经济较为发达的 5 个城市人体血浆中 PCBs 进行分析，结果发现其平均含量为 935.0pg/mL，低氯同族

体为主要污染物。

（二）NBFRs

Wang 等人[69]对我国莱州湾不同年龄和性别人体血清中 PBBz 和 PBT 进行了水平检测。在所有的血样中均检出上述两种物质，PBBz 和 PBT 的平均水平和范围（脂重）分别为 4.9ng/g（1.1ng/g，40—49 岁的男性群体；21ng/g，20—29 岁的男性群体）和 1.4ng/g（0.89ng/g，40—49 岁的男性群体；2.3ng/g，20—29 岁的男性群体）。研究发现，随着年龄的升高，PBBz 水平有下降的趋势；PBT 的水平与年龄无相关性。上述两种物质均为近几年才在我国开始生产，这就不难解释为什么年轻群体中含量处于最高。

（三）OCPs

耿春燕等人[72]对我国青海湟中县农民血清有机氯农药含量水平进行了调查研究，OCPs 的平均水平（脂重）值分别为 HCB 6.46ng/g、α-HCH 8.89ng/g、β-HCH 25.5ng/g、γ-HCH 8.8ng/g、δ-HCH 9.92ng/g、p, p'-DDE 10.1ng/g。其中 p, p'-DDE 水平（脂重）明显低于英国（100ng/g）、日本（245ng/g）、罗马尼亚（1975ng/g）、斯洛伐克（2521ng/g）、埃及（2187.5ng/g）、葡萄牙（3500ng/g）。女性由于经常从事农业劳动，其 ΣHCHs 平均水平（59.1ng/g）高于男性（44.7ng/g）。该研究未发现 OCPs 水平与吸烟、饮酒及族别相关。Wang[69] 等人对我国莱州湾不同年龄和性别人体血清中 Σ_{25}OCP 进行水平分析，发现平均水平为 1500ng/g（脂重），范围为 1000ng/g（20—29 岁男性群体，脂重）—2400ng/g（60 岁以上女性群体，脂重），其中间值低于其他研究人员在我国濠江地区[67]（2300ng/g，脂重）、上海[73]（14000ng/g，脂重）揭示的数据，但高于美国[74]（220ng/g，脂重）、日本[75]（340ng/g，脂重）所报道的数据。有研究人员对广州母亲和新生儿的血清中 OCPs 进行分析[76]，结果发现 DDTs 在母亲血清和脐带血血清中的水平中间值分别为 1676.0ng/g 脂重和 1287.8ng/g 脂重；HCH 在母亲血清和脐带血血清中的水平中间值分别为 43.7ng/g 脂重和 20.2ng/g 脂重。有研究对电子垃圾拆解地工人和附近的居民人体血清中 OCPs 进行对比研究[77]，发现 DDTs 的中间值水平分别为 602ng/g 脂重和 1757ng/g 脂重；HCH 的中间值水平分别为 12.2ng/g 脂重和 34.2ng/g 脂重。

四、小结

从文献数量来看，国内外研究人员对于人体血清中 PCBs 和 OCPs 含量的报道较多；由于 NBFRs 是最近才被人们所发现的新物质，再加上一些研究表明该物质在生物体中检出率很低[78][79]，因而目前关于人体中 NBFR 的报道很少，对于血清中水平的报道更是罕见。从研究地区来看，对于我国民族地区人体血清中 PCBs、NBFRs 和 OCPs 含量的报道较为少见。从报道水平来看，我国人体血清中 PCBs 含量要低于国外发达国家；我国除个别地区人体血清中 OCPs 含量明显大于国外水平外，其余地区水平与国外相仿。从含量水平比较来看，国内外研究均表明女性人体血清中 OCPs 含量普遍高于男性，这可能与女性日常生活接触污染源较多有关；年龄较长者人体血清中 OCPs 含量高于年轻人群，这与 20 世纪七八十年代 OCPs 在世界范围内被普遍禁止有关。此外，部分发达国家已将持久性有机卤族污染物在人体血清中的检测上升到评价国民健康的高度。

通过梳理国内外人体血清中 POPs 水平的文献，本研究的思路进一步明晰。国外研究表明，PCBs 在不同人种人体血清中水平有所不同，那么我国少数民族地区城市人群人体血清中 PCBs 等 POPs 类物质的水平是否与其他地区也存在差异？以往研究表明，我国 POPs 类物质水平较高的地区为经济较为发达的城市，在当今东南沿海城市实施产业结构调整向中西部民族地区进行产业转移的背景下，这种污染源的转移是否会反映人体血清中

POPs 类物质水平的差异？在文献的指引下，本研究的结构框架和研究内容逐渐清晰明朗。

第三节 研究意义和目的

一、研究的意义

我国的民族地区大多位于中西部[11]，经济发展相对落后于东部地区。当前和今后一段时期是我国民族地区工业化进程的加速期，与之相伴的则可能是环境污染的高发期。《关于中西部地区承接产业转移的指导意见》指出，中西部地区应发挥资源丰富、要素成本低、市场潜力大的优势，积极承接国内外产业转移。当前我国经济发展进入了新时代，经济已由高速增长阶段转向高质量发展阶段。东部经济发达地区基于自身产业转型、经济提质增效的需要以及资源环境压力增大的前提下，均在积极实施产业转型和转移。在国家的引导和自身发展的压力下，东部地区产业转移的步伐持续加快，中西部的民族地区成为承接产业转移的重要区域。有研究指出[2]，我国的产业转移以劳动密集型和资源消耗型产业为主。这样的产业转移使得污染产业在东部沿海地区集聚度下降，而在中西部地区上升[5]。在这样的背景下，本研究通过文献梳理发现：（一）研究我国中西部地区，尤其是民族地区的人体血清中持久性有机卤族污染物水平的报道较为罕见，也未见专门研究民族地区和非民族地区人体血清中持久性有机卤族污染物水平差异化对比的相关文献。（二）还未见利用经济学模型来探究城市经济发展与人体血清中持久性有机卤族污染物水平关系的研究。

二、研究的目的

本研究通过分析测定我国不同区域民族地区城市、不同年龄段人群人体血清中持久性有机卤族污染物的含量，比较不同城市间含量水平的差异，分析含量在各年龄段间的差异，探究产生这些差异的原因。利用经济学模型分析我国不同城市经济发展与人体血清中持久性有机卤族污染物含量水平的关系。针对上述研究的发现，从可持续发展生态学角度提出促进民族地区可持续发展的建议。

第四节　研究内容和方法

本研究主要内容概括起来为两大部分：一是研究不同区域城市尤其是民族地区城市人体血清中持久性有机卤族污染物（PCBs、NBFRs、OCPs）含量水平，并分析其含量在各年龄段中的变化趋势和分布特征；二是分析在我国产业从东部地区向中西部地区转移的背景下，我国城市尤其是民族地区城市经济发展与人体血清中持久性有机卤族污染物（PCBs、NBFRs、OCPs）含量水平的关系。本研究的重点和难点有以下两点：（1）采样点的设计。如何保证采样点的选择在经济最优的条件下可以代表我国的整体情况成为本研究的重点和难点。（2）技术路线的设计。分析测定方法的选择以及经济模型的构建也是本研究的重点和难点。

一、采样点的设计

采样点选择的难点在于要充分考虑研究对象、研究方法、研究区域等相关因素。本研究的研究对象是持久性有机卤族污染物（PCBs、NBFRs、OCPs）；研究方法既运用了环境科学的检测手段，又利用了经济学模型的模拟分析；研究区域要选择我国有代表性的城市且大部分城市为民族地区。因而在设计采样点上，本研究综合考虑了经济、社会、生态环境的因素，选取吉林省伊通满族自治县、山东省潍坊市、湖南省怀化市、海南省陵水黎族自治县、四川省甘孜藏族自治州。采样城市除山东省潍坊市外均为民族地区。吉林省伊通满族自治县地处长白山脉向松辽平原过渡的丘陵地带，全县共有 14 个民族，少数民族人口 19.5 万人，占人口总数的40.5%（满族 18.6 万人，占人口总数的 38.7%）；湖南省怀化市位于湖南省西南部，处于武陵山脉和雪峰山脉之间，下辖 5 个少数民族自治县，涵盖 48 个少数民族，共 201 万人，占全市总人口的 40%，民族地区面积 1.79万平方公里，占全市总面积的 65%；海南省陵水黎族自治县位于海南岛的东南部，黎族人口占全县总人口的 54.9%；四川省甘孜藏族自治州位于青藏高原东南缘，境内有彝族、藏族、羌族、苗族等 25 个民族，总人口 90万人（主体民族藏族占 78.4%），各族群众以大范围聚居小范围杂居形式分布于全州。

从民族学研究来看，我国对于民族地区的概念有两种解释或定义：一是少数民族聚集区，二是少数民族自治地方[80]。在本研究选取的 5 个采样城市中，湖南省怀化市属于少数民族聚集区，海南省陵水黎族自治县、四川省甘孜藏族自治州和吉林省伊通满族自治县属于少数民族自治地方。从区域经济的角度来看，山东省潍坊市和海南省陵水黎族自治县属于东部地区，吉林省伊通满族自治县和湖南省怀化市位于我国中部地区，四川省甘孜藏族自治州属于我国西部地区。从国家主体功能区划分来看，山东省潍坊市属于优化开发区，海南省陵水黎族自治县和吉林省伊通满族自治县属于农产品主产区，四川省甘孜藏族自治州属于重点生态功能区，湖南省怀化市属于重点开发区。从人口社会学角度来看，除四川省甘孜藏族自治州位于胡焕庸线以西，其余4城市均在胡焕庸线[81]东侧。从生态环境角度来看：首先，按我国地势三级阶梯划分，四川省甘孜藏族自治州属于我国的第一阶梯，湖南省怀化市属于我国的第二阶梯，山东省潍坊市、海南省陵水黎族自治县和吉林省伊通满族自治县位于我国第三阶梯。其次，从温度带来看，四川省甘孜藏族自治州属于青藏高原垂直温度带，湖南省怀化市属于亚热带，海南省陵水黎族自治县属于热带，山东省潍坊市属于暖温带，吉林省伊通满族自治县属于中温带。

采样点地理位置、采样城市相关信息以及各地采样信息统计见图1-4、表1-4、表1-5。

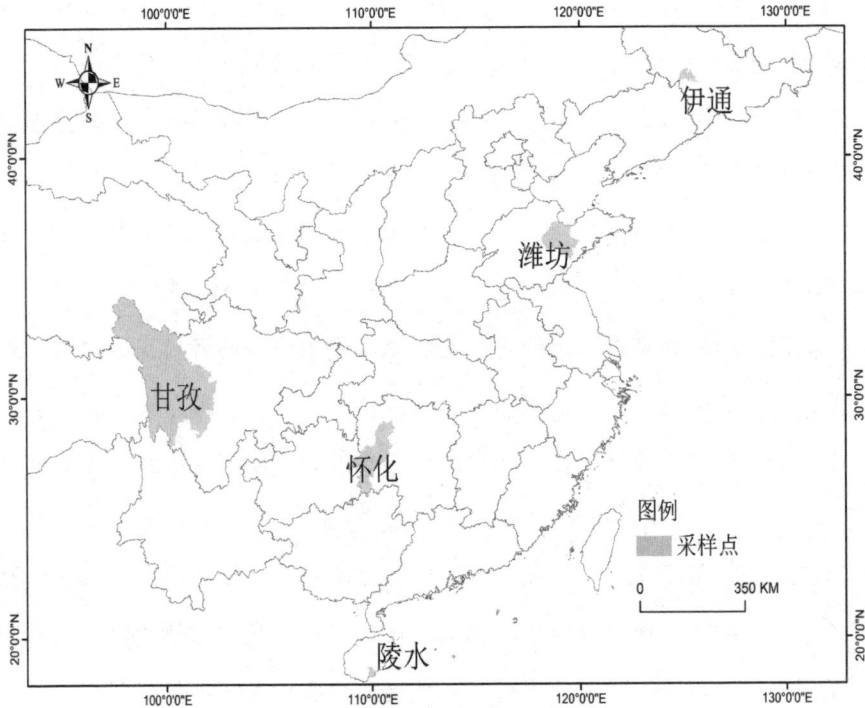

图1-4 采样点地理位置图

表1-4 采样城市相关信息

城市	经纬度	年平均气温（℃）	年均降水量（mm）	少数民族情况
吉林省伊通满族自治县	124° 49'E—125° 46'E, 43° 3'N—43° 38'N	5.5	651.7	满族、回族、朝鲜族等14个少数民族，占总人口40.5%
四川省甘孜藏族自治州	97° 22'E—102° 29'E, 27° 58'N—34° 20'N	海拔低于2600米: 12 海拔2600—3900米: 3—11 海拔高于3900米: 0	500—800	藏族、羌族、苗族等25个少数民族，藏族占总人口的78.4%
山东省潍坊市	118° 10'E—120° 01'E, 35° 32'N—37° 26'N	12.3	650	少数民族人口占全市人口的0.38%
湖南省怀化市	109° 17'E—110° 58'E, 26° 17'N—28° 47'N	16.4	1160—1450	侗族、苗族、土家族等48个少数民族，占总人口40%
海南省陵水黎族自治县	109° 45'E—110° 08'E, 18° 22'N—18° 47'N	25.2	1500—2500	黎族人口占总人口54.9%

表1-5 各地采样信息统计表

海南陵水			四川甘孜			吉林伊通			山东潍坊			湖南怀化		
年龄	男	女	年龄	男	女	年龄	男	女	年龄	男	女	年龄	男	女
20—29	49	80	20—29	10	10	20—29	7	6	20—29	53	21	20—29	37	34
30—39	65	60	30—39	10	10	30—39	19	22	30—39	80	58	30—39	48	33
40—49	54	48	40—49	10	10	40—49	37	30	40—49	80	66	40—49	78	71
50—59	59	51	50—59	10	10	50—59	36	49	50—59	34	20	50—59	61	59
≥60	40	40	≥60	10	10	≥60	40	40	≥60	38	40	≥60	40	40
小计	267	279	小计	50	50	小计	139	147	小计	285	205	小计	264	237
合计	546		合计	100		合计	286		合计	490		合计	501	

二、技术路线图

本论文研究的是由经济发展而带来的环境问题，在众多环境问题中选择对人体健康具有一定危害的持久性有机卤族污染物为研究对象。通过构建液—液萃取—蛋白—氮吹称脂重—GPC去脂—硅胶柱净化—氮吹定量—GC-MS的测定人体血清中持久性有机卤族污染物的方法，分析测定持久性有机卤族污染物在民族地区人体血清中的含量，探讨持久性有机卤族污染物在各城市各年龄段中的分布规律，深入分析产生这些现象的原因，再通过经济模型模拟持久性有机卤族污染物与经济指标的相关关系，最终为民族地区经济、社会、环境的可持续发展提出建议。

本研究采用的技术路线图详见图1–5。

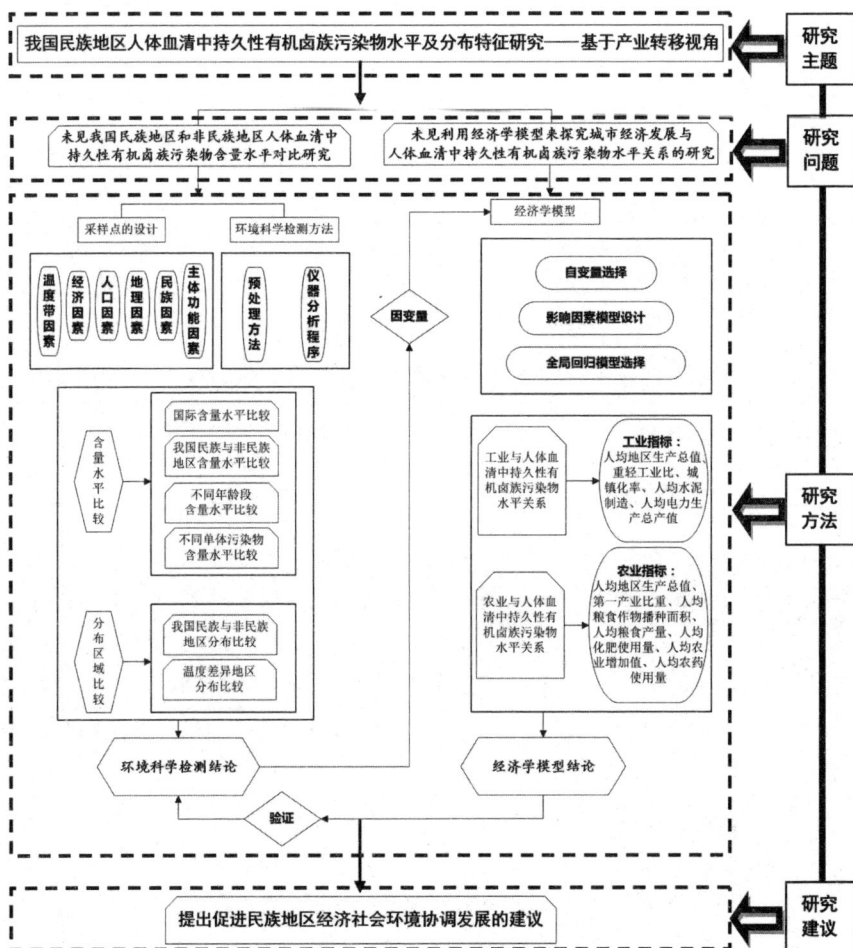

图1–5　本研究采用的技术路线图

第二章　我国民族地区城市人体血清中多氯联苯水平及分布特征

第一节　多氯联苯生产使用基本情况

多氯联苯（PCBs）是一种有机氯化合物，在世界范围内广泛用作增塑剂、液压介质流体、阻燃剂和油漆添加剂[12]。全世界大约生产了 1.3×10^6 吨多氯联苯[13]。美国是多氯联苯的主要生产国，在 1929 年至 1977 年期间共生产 6.4×10^5 吨（占全球总产量的 48%）[13]。Jensen[82]（1966）是第一个在生物样品中发现多氯联苯的人，自此以后，多氯联苯就在世界各地的各种环境介质中被广泛发现[83][84][85]，甚至在北极熊脂肪组织中也检测到了多氯联苯的存在[86]。一些国家在 20 世纪六七十年代就开始对多氯联苯的生产和使用实行管制。瑞典政府于 1969 年采取行动防止使用多氯联苯[87]。1973 年，日本政府颁布了《化学物质管制法》，禁止生产和使用多氯联苯[88]。中国政府于 1974 年颁布了一项法律，限制在进口电力设备中使用多氯联苯[14]。在 20 世纪 90 年代就有研究发现人体血清中多氯联苯水平与不良影响之间正相关的证据[89][90][91]。国际社会的广泛关注导致多氯联苯被列入 2004 年《斯德哥尔摩公约》所要求控制的持久性有机污染物中。对人体血清中多氯联苯的分析对于评估人体对多氯联苯的接触和健康影响非常重要。美国和西班牙的研究人员最近发现，人类血清中的多氯联苯水平随着年龄的减少而下降[59][92][92]。然而，我国研究人员发现了一种新的多氯联苯来源，即工厂的无意识生产。2000年后，我国无意识生产的多氯联苯排放量迅速增加[94]。基于工厂无意识生产和排放的污染，目前我国民族地区不同年龄段中人体血清中多氯联苯水平和趋势尚不清楚，这成为本研究的出发点和落脚点。因此，本研究选取吉林省伊通满族自治县、山东省潍坊市、湖南省怀化市、海南省陵水黎族自治县、四川省甘孜藏族自治州5个城市作为采样点进行研究。

第二节　实验方法

一、实验试剂

本研究采用同位素稀释内标法对15种多氯联苯同系物（PCB–77、–81、–101、–105、–114、–118、–123、–126、–156、–157、–167、–169、–170、–180和–189）进行了分析。$^{13}C_{12}$标记的多氯联苯内标混合物包含PCB–77、–81、–101、–105、–114、–118、–123、–126、–156、–157、–167、–169、–170、–180和–189。本研究所有$^{13}C_{12}$内标均购自剑桥同位素实验室，所用有机溶剂均属农残级。

二、样本采集与预处理

2014年4—10月，本研究共从5个城市医院采集1923份人体血清样本，其中男性1005人，女性918人（见表2-1）。血清样本为医院常规病理检查中剩余血样。5 个城市的样本按性别和年龄段被分为 10 组。每组取单体血清 0.5mL 混合，在混合均匀的样本中取 3mL 作为混合样本。50 个混合样本的详细信息见表 2-1。

表2-1　我国5个城市人体血清样本相关信息

		怀化	伊通	甘孜	陵水	潍坊	5个城市
≥60岁	男性/女性（采样个数）	40/40	40/40	10/10	40/40	38/40	168/170
	中间值	68	67	65	70	69	
	平均值	69	69	66	71	70	
	年龄（岁）　标准偏差	7	8	6	9	8	
	最大值	60	60	60	60	60	
	最小值	85	88	77	94	92	
50—59岁	男性/女性（采样个数）	61/59	36/49	10/10	59/51	34/20	200/189
	中间值	54	54	56	54	52	
	平均值	54	54	55	54	53	
	年龄　标准偏差	3	3	3	3	3	
	最大值	50	50	50	50	50	
	最小值	59	59	59	59	59	
40—49岁	男性/女性（采样个数）	78/71	37/30	10/10	54/48	80/66	259/225
	中间值	45	46	44.5	44	44	
	平均值	44	45	45	44	44	
	年龄（岁）　标准偏差	3	3	3	3	3	
	最大值	40	40	40	40	40	
	最小值	49	49	49	49	49	
30—39岁	男性/女性（采样个数）	48/33	19/22	10/10	65/60	80/58	222/183
	中间值	35	36	35	33	35	
	平均值	34	35	35	34	35	
	年龄（岁）　标准偏差	3	3	2	3	3	
	最大值	30	30	30	30	30	
	最小值	39	39	39	39	39	
20—29岁	男性/女性（采样个数）	37/34	7/6	10/10	49/80	53/21	156/151
	中间值	26	26	24	25	27	
	平均值	26	25	24	25	26	
	年龄（岁）　标准偏差	3	2	3	3	2	
	最大值	20	22	20	20	20	
	最小值	29	28	29	29	29	

混合样本的预处理按照以前研究人员的相关方法进行[95]。在每个混合样本中加入被 $^{13}C_{12}$ 标记的多氯联苯内标混合物（PCB-77、-81、-101、

–105、–114、–118、–123、–126、–156、–157、–167、–169、–170、–180 和 –189）。然后加入 1mL 6mol/L HCl，振荡混匀后加入 6mL 异丙醇和 6mL 正己烷 / 甲基叔丁基醚（v/v=1∶1）萃取。完全混匀后，离心 5min（3000r/min），将有机相转入装有 4mL KCl 水溶液（1%，w/w）的玻璃试管中，血清样本再用 3mL 正己院 / 甲基叔丁基醚（v/v=1∶1）萃取 2 次，并将有机相合并到上述装有 4mL KC1 水溶液的玻璃试管中。再次离心，将有机相转入事先称好的恒重试管中。水溶液用 4mL 正己烷 / 甲基叔丁基醚（v/v=1∶1）萃取 2 次，萃取液并入恒重试管。将溶剂吹干，利用质量分析法测定血清中脂肪的含量。每个样本称重 5 次，平均重量只有在连续质量差小于 0.0005g 时才能记录下来。在称重后的恒重试管中加入 4mL 正己烷、2mL KOH（0.5mol/L，溶于乙醇∶水 =1∶1，v/v），振荡混匀，3000r/min 离心 5min，将有机相转入玻璃试管，下层水相再用 3mL 正己烷萃取 2 次。将萃取液氮吹至 1mL 左右，过装有 26g SX–3 的 GPC 柱（300mm×25mm）去脂，洗脱液用高纯氮气吹至 1mL 左右再过酸性硅胶柱（自上往下为 1.5g 无水 Na_2SO_4、0.5g 酸性硅胶、0.1g 中性硅胶和石英棉），硅胶柱用 5mL 正己烷活化，12mL 正己烷∶二氯甲院（1∶1，$v:v$）洗脱，最后将洗脱液氮吹到大约 80μL 后转移至进样瓶中，定容备用。

三、仪器分析

采用 6890N–5975 气相色谱—质谱联用仪（Agilent，USA）进行物质检测。选用 DB–5MS 色谱柱（30m×0.25mm i.d.，膜厚 0.1μm，J&W Scientific）。升温程序：初始温度为 100℃，保持 3min；然后以 5℃ /min 升至 270℃，保持 1min。在选定的离子监测模式下，利用质谱仪对每个 PCB 同系物进行两种离子的监测。质谱采用负化学电离模式，离子源和四极温度均为 150℃。载气为高纯氦气，柱流速 1mL/min，进样量为 1μL，采用不分流进样。监测到的每种分析物的 *m/z* 比率如表 2-2 所示。

表2-2　15种PCBs同族体仪器检测相关信息

同族体	$C_{12}(m/z)$	$C_{13}(m/z)$	保留时间（min）	检出率（%）	定量限（pg）
PCB-101	326.0/328.0	338.0/340.0	22.686	88	0.4
PCB-81	290.0/292.0	302.0/304.0	23.627	98	0.2
PCB-77	290.0/292.0	302.0/304.0	24.009	98	0.2
PCB-123	326.0/328.0	338.0/340.0	24.772	100	0.1
PCB-118	326.0/328.0	338.0/340.0	24.912	100	0.1
PCB-114	326.0/328.0	338.0/340.0	25.227	100	0.04
PCB-105	326.0/328.0	338.0/340.0	25.706	100	0.1
PCB-126	326.0/328.0	338.0/340.0	26.961	90	0.04
PCB-167	360.0/362.0	372.0/374.0	27.641	100	0.04
PCB-156	360.0/362.0	372.0/374.0	28.359	100	0.04
PCB-157	360.0/362.0	372.0/374.0	28.504	100	0.04
PCB-180	394.0/396.0	406.0/408.0	28.944	100	0.02
PCB-169	360.0	372.0	29.682	96	0.04
PCB-170	360.0	406.0、408.0/370.0、372.0	29.845	94	0.04
PCB-189	394.0/396.0	406.0/408.0	30.894	98	0.02

四、质量控制与保证

本研究采用同位素稀释法对有 $^{13}C_{12}$ 标记的目标化合物进行定量，用内部标准法对其他目标化合物进行定量。所有分析物的校准曲线的相关系数（*r*）均大于 0.9993。定量限定义为信号噪声比的 10 倍。人血清中多氯联苯的定量限为 0.02—0.4pg。方法空白样品中未检出目标化合物。$^{13}C_{12}$ 标记的多氯联苯回收率为 71%—99%。

五、统计分析

采用置信区间（Confidence interval，CI）分析确定样本含量的置信度和置信范围。采用方差分析（显著性水平为 *p*=0.05）比较各组数据。在数据分类上使用聚类分析和主成分分析的方法。所有统计分析均采用 SPSS 19.0 软件（USA，IBM）。

第三节 研究结果与讨论

一、我国5个城市人体血清中Σ_{15}PCBs水平

对5个城市（伊通、潍坊、怀化、甘孜、陵水）5个年龄段（20—29、30—39、40—49、50—59、≥60岁）不同性别人群混合血清中15种多氯联苯（PCBs）进行检测分析，15种PCBs同族体的检出率均大于88%，对于未检出的样本水平用定量限的一半代替。

5个城市Σ_{15}PCBs总含量水平的算术平均值为11ng/g脂重（95% CI：6.7—16），水平从高到低依次为伊通（15ng/g脂重）（95% CI：6.4—23）、陵水（14ng/g脂重）（95% CI：9.9—19）、潍坊（11ng/g脂重）（95% CI：9.4—12）、怀化（10ng/g脂重）（95% CI：6.9—14）、甘孜（5.9ng/g脂重）（95% CI：4.4—7.4），见图2-1和表2-3。我国不同城市PCBs含量整体处于较低水平，见表2-4。与其他国家含量对比，我国人体血清中PCBs水平要低一个数量级，见表2-5。韩国人体血清中Σ_{12}PCBs（PCB-81、-77、-123、-118、-114、-105、-126、-167、-156、-157、-169、-189）含量（215ng/g脂重）[96]是我国的43倍；斯洛伐克普通人群血清中Σ_3PCBs（PCB-118、-180、-170）含量（370ng/g脂重）[97]是我国的24倍；美国白种人血清中Σ_8PCBs（PCB-118、-105、-167、-156、-157、-180、-170、-189）含量（91ng/g脂重，几何平均值）[59]是我国的19倍；日本普通人群血清中Σ_{11}PCBs（PCB-101、-123、-118、-114、-105、-167、-156、-157、-180、-170、-189）含量（71ng/g脂重）[98]是我国的7倍。这主要来自两个原因：第

一，我国PCBs的生产总量占全球比例较小，仅占0.77%[13]；第二，从20世纪70年代，我国就开始对PCBs的生产、进口、使用、处理处置及商品食品管理制定了控制性的规定[14]。

尽管我国人体血清中PCBs含量与其他国家相比处于较低水平，但值得注意的是：PCBs含量在年轻人群中有上升的趋势，这一现象与在美国和西班牙的研究发现相悖：PCBs含量随年龄下降而降低[59][99][100]。从5个城市整体来看，Σ_{15}PCBs算术平均值含量最高值出现在20—29岁年龄段（13ng/g脂重）（图2-2），性别间无显著性差异。5个城市中位于民族地区的怀化、伊通、甘孜的Σ_{15}PCBs算术平均值含量最高值分别出现在30—39岁年龄段（14ng/g脂重）、20—29岁年龄段（22ng/g脂重）、20—29岁年龄段（7.8ng/g脂重）。其中，伊通20—29岁年龄段人体血清中Σ_{15}PCBs含量显著高于≥60岁年龄段（7.4ng/g脂重）（$p=0.041$）。潍坊和陵水的最高含量虽然没有出现在年轻人群中，但是水平从30—39岁到20—29岁呈上升趋势。PCBs含量在年轻人群中升高值得我们关注。

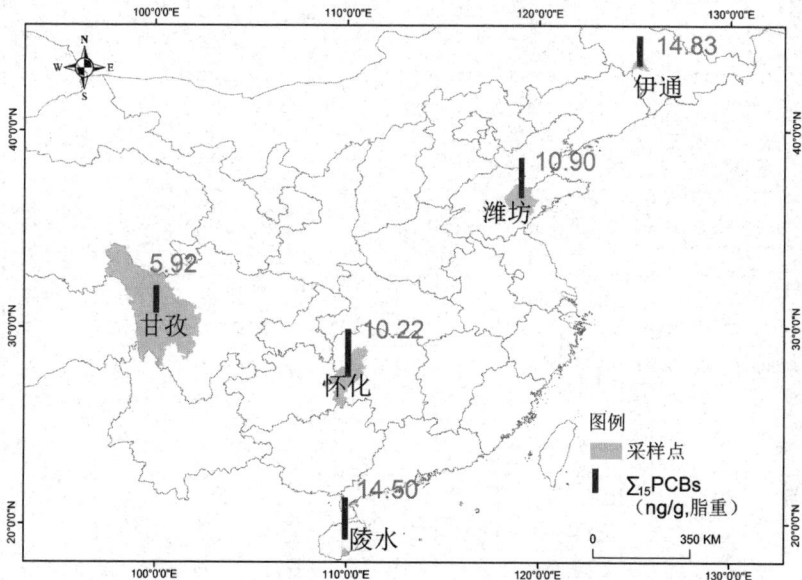

图2-1 我国5个城市人体血清中Σ_{15}PCBs算术平均值含量水平地理位置图

表2-3　我国5个城市人体血清中15种PCBs含量水平（ng/g 脂重）

		PCB-101	PCB-81	PCB-77	PCB-123	PCB-118	PCB-114	PCB-105	PCB-126	PCB-167	PCB-156	PCB-157	PCB-180	PCB-169	PCB-170	PCB-189
怀化	median	4.59	0.16	0.33	0.40	0.63	0.23	0.53	0.12	0.15	0.21	0.06	0.78	0.12	0.21	0.12
	mean	5.53	0.30	0.37	0.41	0.72	0.39	0.61	0.15	0.16	0.22	3.06	0.85	0.13	0.21	0.11
	SD	5.05	0.30	0.16	0.19	0.43	0.43	0.29	0.08	0.06	0.09	0.05	0.38	0.05	0.08	0.04
	min	ND	0.08	0.18	0.18	0.08	0.11	0.28	0.08	0.08	0.11	0.02	0.42	0.06	0.11	0.06
	max	16.63	0.89	0.71	0.74	1.36	1.39	1.10	0.34	0.29	0.34	0.18	1.55	0.23	0.36	0.19
伊通	median	3.08	0.28	0.58	0.59	0.94	0.29	0.69	0.27	0.22	0.32	0.15	0.95	0.22	0.32	0.15
	mean	6.57	0.27	0.86	0.68	1.01	0.37	0.87	0.52	0.35	0.49	0.28	1.16	0.44	0.66	0.30
	SD	7.71	0.14	0.86	0.39	0.49	0.31	0.51	0.60	0.34	0.42	0.27	0.46	0.49	0.77	0.35
	min	ND	0.05	0.27	0.18	0.47	0.15	0.46	0.18	0.15	0.22	0.06	0.65	0.13	0.21	0.10
	max	21.28	0.46	3.05	1.43	2.17	1.20	2.20	2.15	1.27	1.63	0.82	1.97	1.74	2.76	1.24
甘孜	median	1.29	0.18	0.32	0.35	0.56	0.14	0.39	0.13	0.11	0.18	0.08	0.61	0.12	0.18	0.09
	mean	2.07	0.31	0.60	0.39	0.53	0.14	0.39	0.13	0.11	0.18	0.08	0.62	0.12	0.17	0.08
	SD	2.66	0.35	0.66	0.15	0.16	0.03	0.06	0.02	0.02	0.05	0.03	0.21	0.02	0.05	0.02
	min	ND	0.08	0.22	0.18	0.23	0.09	0.28	0.10	0.07	0.09	0.02	0.35	0.08	0.07	0.06
	max	8.32	1.29	2.23	0.69	0.71	0.20	0.49	0.18	0.14	0.26	0.12	0.94	0.15	0.23	0.10
潍坊	median	3.59	1.48	0.38	0.30	1.15	0.21	0.61	0.06	0.20	0.29	0.24	1.33	0.05	0.04	0.10
	mean	3.71	1.61	0.44	0.32	1.19	0.22	0.60	0.05	0.21	0.30	0.24	1.53	0.06	0.05	0.37
	SD	1.12	0.77	0.31	0.09	0.29	0.08	0.17	0.04	0.05	0.09	0.11	0.69	0.05	0.04	0.59
	min	1.83	0.83	0.16	0.17	0.78	0.10	0.24	ND	0.13	0.17	0.10	0.80	ND	ND	ND
	max	5.32	3.37	1.22	0.48	1.69	0.35	0.84	0.11	0.30	0.45	0.43	2.75	0.13	0.12	1.52
陵水	median	3.02	1.27	0.32	0.32	1.30	0.28	0.59	0.09	0.32	0.63	0.32	4.38	0.05	0.17	0.19
	mean	3.19	1.59	0.36	0.35	1.24	0.27	0.59	0.08	0.33	0.63	0.32	5.05	0.06	0.15	0.29
	SD	0.97	0.97	0.23	0.15	0.49	0.13	0.23	0.05	0.13	0.26	0.11	2.66	0.02	0.06	0.34
	min	2.11	ND	ND	0.08	0.24	0.01	0.26	ND	0.18	0.29	0.11	2.32	0.02	0.04	0.10
	max	5.34	3.38	0.76	0.56	1.90	0.53	0.92	0.15	0.55	1.05	0.50	10.41	0.09	0.24	1.23

median：中间值　mean：算术平均值　min：最小值　max：最大值　SD：标准偏差　ND：未检测到

表2-4 其他文献中我国人体血清中PCBs含量水平（ng/g 脂重）

化合物	地区（其他信息）	同族体	采样时间（年）	中间值	平均值	标准偏差	范围	参考文献
PCBs	贵屿（电子垃圾拆解区）		2005	52	69		17—180	[67]
PCBs	濠江（捕鱼业主导区）		2005	69	65		22—140	[67]
Σ_{12}PCBs	路桥地区（废旧电器拆解地，儿童：5—11岁）	81、77、123、118、114、105、126、167、156、157、169、189	2008		40.6	7.01		[101]
Σ_{12}PCBs	龙游地区（工业，儿童：5—11岁）	81、77、123、118、114、105、126、167、156、157、169、189	2008		20.7	6.90		[101]
Σ_{12}PCBs	天台地区（对照，儿童：5—11岁）	81、77、123、118、114、105、126、167、156、157、169、189	2008		20.7	8.09		[101]
Σ_{17}PCBs	天津市静海县（暴露地区）	105、114、118、123、126、153、156、157、167、169、189、194、202、205、206、208、209	2009—2010	23.2			5.87—160	[102]
Σ_{17}PCBs	天津市静海县（对照地区）	105、114、118、123、126、153、156、157、167、169、189、194、202、205、206、208、209	2009—2010	5.6			2.16—43.4	[102]
Σ_{15}PCBs	怀化	101、81、77、123、118、114、105、126、167、156、157、169、170、180、189	2014	7.8	10.2	5.5	5.3—21.7	本研究
Σ_{15}PCBs	伊通	101、81、77、123、118、114、105、126、167、156、157、169、170、180、189	2014	10.2	14.8	9.9	5.7—30.0	本研究
Σ_{15}PCBs	甘孜	101、81、77、123、118、114、105、126、167、156、157、169、170、180、189	2014	5.3	5.9	2.2	3.9—11.1	本研究
Σ_{15}PCBs	潍坊	101、81、77、123、118、114、105、126、167、156、157、169、170、180、189	2014	10.9	10.9	2.1	7.9—14.9	本研究
Σ_{15}PCBs	陵水	101、81、77、123、118、114、105、126、167、156、157、169、170、180、189	2014	15.1	14.5	4.5	6.4—22.9	本研究

表2-5 其他文献中国外人体血清中PCBs含量水平（ng/g 脂重）

化合物	国家（其他信息）	同族体	采样时间（年）	中间值	算术平均值	标准偏差	范围	参考文献
Σ_{12}PCBs	韩国	81、77、123、118、114、105、126、167、156、157、169、189	2000—2002	161	215			[96]
Σ_{18}PCBs	斯洛伐克（污染区）	28、52、101、123、149、118、114、153、105、138、163、167、156、171、157、180、170、189	2001	1892	3105		337—101413	[97]
Σ_{18}PCBs	斯洛伐克（背景区）	28、52、101、123、149、118、114、153、105、138、163、167、156、171、157、180、170、189	2001	743	871		149—16391	[97]
Σ_{64}PCBs	日本（油病患者，血浆）	28、29、44、47、48、49、52、69、56、60、63、66、70、71、74、85、87、92、93、95、98、99、101、114、117、118、123、128、130、132、134、135、137、138、139、141、146、147、151、153、156、157、163、164、167、170、172、177、178、179、180、181、182、187、183、189、191、194、195、196、203、198、201、200、202、205、206、207、208、209	2004	536	645	431	40—3032	[98]

续表

化合物	国家（其他信息）	同族体	采样时间（年）	中间值	算术平均值	标准偏差	范围	参考文献
$\Sigma_{64}PCBs$	日本（正常人，血浆）	28、29、44、47、48、49、52、69、56、60、63、66、70、71、74、85、87、92、93、95、98、99、101、114、117、118、123、128、130、132、134、135、137、138、139、141、146、147、151、153、156、157、163、164、167、170、172、177、178、179、180、181、182、187、183、189、191、194、195、196、203、198、201、200、202、205、206、207、208、209	2004	381	432	200	135—1415	[98]
$\Sigma_{14}PCBs$	罗马尼亚	28、52、99、101、118、138、153、156、170、180、183、187、194、199	2005	383	550		45—4970	[103]
$\Sigma_{28}PCBs$	瑞典（19—83岁）	52、66、7、101、105、110、118、138、153、177、189、194、195、202、206、47、48、99、113、114、122、128、162、167、180、193、182、187	1993—2007	435	492		49—1730	[104]
$\Sigma_{28}PCBs$	瑞典（19—55岁）	52、66、7、101、105、110、118、138、153、177、189、194、195、202、206、47、48、99、113、114、122、128、162、167、180、193、182、187	1993—2007	358	423		49—1835	[104]

续表

化合物	国家（其他信息）	同族体	采样时间（年）	中间值	算术平均值	标准偏差	范围	参考文献
Σ_{28}PCBs	瑞典（56—83岁）	52、66、7、101、105、110、118、138、153、177、189、194、195、202、206、47、48、99、113、114、122、128、162、167、180、193、182、187	1993—2007	652	745		113—2954	[104]
Σ_{35}PCBs	美国（非裔美国人，以前PCBs生产区）	28、44、49、52、66、74、87、99、101、105、110、118、128、138-158、146、149、151、153、156、157、167、170、172、177、178、180、183、187、189、194、195、196-203、199、206、209	2005—2007	884	886(几何平均值)		19—30797	[59]
Σ_{35}PCBs	美国（白种人，以前PCBs生产区）	28、44、49、52、66、74、87、99、101、105、110、118、128、138-158、146、149、151、153、156、157、167、170、172、177、178、180、183、187、189、194、195、196-203、199、206、209	2005—2007	338	331(几何平均值)		1—12515	[59]
Σ_{15}PCBs	中国	101、81、77、123、118、114、105、126、167、156、157、169、170、180、189	2014	10.2	11.3	6.3	3.9—30.0	本研究

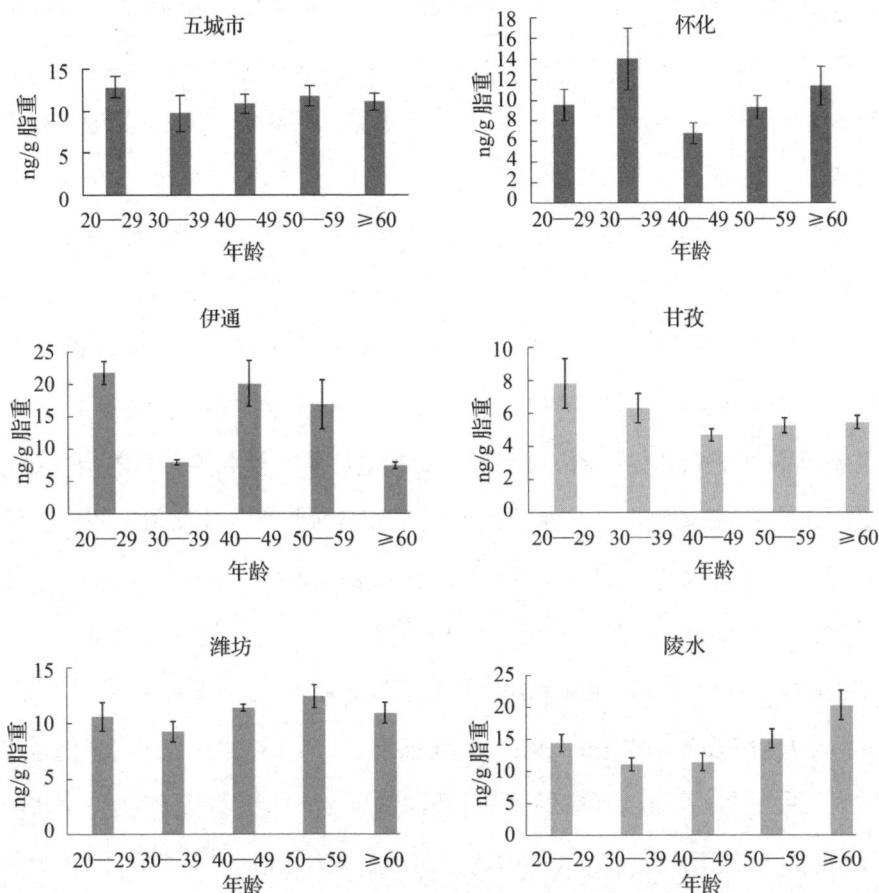

图 2-2 我国 5 个城市 5 个年龄段人体血清中 Σ_{15}PCBs 算术平均值水平
（误差线为标准偏差，年龄单位为岁）

二、我国 5 个城市人体血清中五氯代 PCBs 水平

Σ_{15}PCBs 含量水平不仅在年轻人群中有上升的趋势，而且在对其五氯代 PCBs 同族体的分析中也存在相同的趋势。

除民族地区城市海南省陵水县 ≥60 岁年龄段人体血清外，不同城市不同年龄段人体血清中五氯代 PCBs 均是最主要的污染物。从 5 个城市整体来看，PCBs 水平在各个年龄段中与其他氯代 PCBs 相比均具有显著性差异，分别占 20—29 岁、30—39 岁、40—49 岁、50—59 岁、≥60 岁年龄段的 63%（$p=0.000$）、61%（$p=0.000$）、61%（$p=0.014$）、59%（$p=0.005$）、51%（$p=0.011$），见图 2-3。从 5 个城市来看，五氯代 PCBs 也是最主要的污染物，分别占总 PCBs 水平的 76%（怀化）、68%（伊通）、62%（甘孜）、56%（潍坊）、39%（陵水）。20 世纪 50—80 年代，我国曾在未被告知的情况下从国外进口含 PCBs 的变压器和电容器[14]。美国是生产 PCBs 最多的国家，总产量约占全球的一半[13]，有研究报道[105]美国 PCBs 产品 Aroclor1254 主要以五氯代 PCBs 为主。而我国自 1965 年开始生产 PCBs，主要产品为三氯代（主要应用于变压器和电容器）和五氯代 PCBs[106]（主要作为油漆的添加剂）。从氯原子取代个数含量水平占比来看，我国人体血清中五氯代 PCBs 污染物可能来自美国 PCBs 产品 Aroclor1254 或是本国的油漆。虽然从整体看，五氯代 PCBs 是首要污染物，但在各城市分年龄段比较中，我们发现陵水在≥60 岁年龄段里七氯代 PCBs 成为主要污染物，占该年龄段 PCBs 总水平的 38%。有文献指出，受 PCBs 污染的区域仍是目前大气中 PCBs 重要的污染源[107]。我国从未生产过七氯代 PCBs，但在与陵水毗邻的越南的土壤、大气中均检测到七氯代 PCBs[108][109]，陵水七氯代 PCBs 污染物可能来源于越南的境外输送。

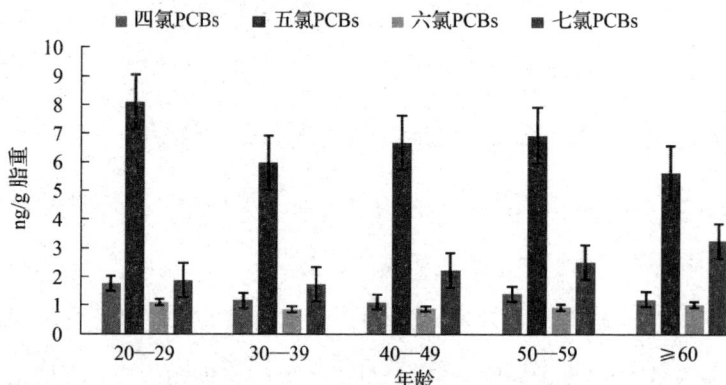

图 2-3　我国 5 个年龄段人体血清中不同氯取代 PCBs 算术平均值水平
（误差线为标准偏差，年龄单位为岁）

5个城市平均组成中五氯代PCBs同族体按占总水平百分比高低依次为：PCB-101（38%）、PCB-118（17%）、PCB-105（14%）、PCB-123（7.2%）、PCB-114（5.9%）、PCB-126（4.9%）。从5个城市整体来看，除PCB-118外，其余5种PCBs同族体含量均在年轻人群血清中呈现上升的趋势（图2-4）。其中，PCB-101、-123、-126水平最高值均出现在20—29岁年龄段，分别为5.5ng/g脂重、0.54ng/g脂重、0.34ng/g脂重；PCB-114最高含量水平出现在30—39岁年龄段（0.38ng/g脂重）。从5个城市分别来看，PCB-101在5个城市中（除伊通外）均显示出含量水平在年轻人群中有升高的趋势。PCB-105水平在民族地区的伊通和甘孜呈现出在年轻人群中有升高

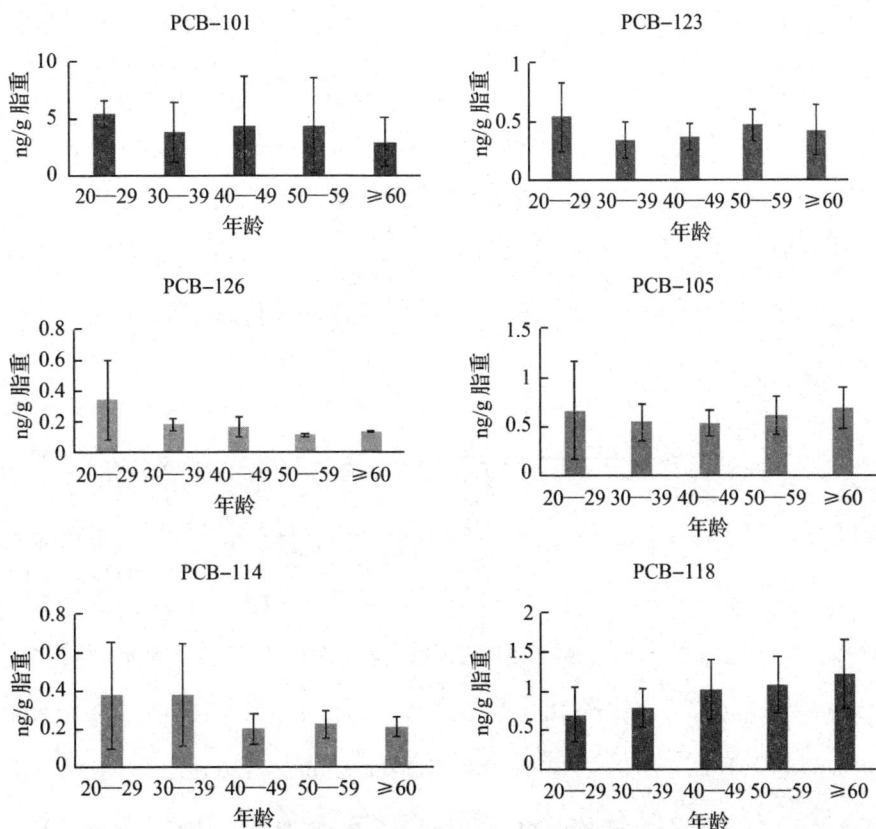

图2-4 我国不同年龄段人体血清中PCBs同族体算术平均值水平
（误差线为标准偏差，年龄单位为岁）

的趋势。PCB-123 在 5 个城市中（除怀化外）均显示出在年轻人群中有升高的趋势。伊通 PCB-114 含量最高值出现在 20—29 岁年龄段，为 0.76ng/g 脂重，是最低值 0.23ng/g 脂重（≥ 60 岁年龄段）的 3 倍多。民族地区城市伊通 PCB-126 含量水平最高值出现在 20—29 岁年龄段，为 1.28ng/g 脂重，是最低值 0.21ng/g 脂重（50—59 年龄段）的 6 倍多。

5 个城市中五氯代 PCBs 不仅在年轻人群中水平有升高的趋势，有的民族地区城市（如伊通）甚至最高水平还出现在 20—29 岁年龄段中。我国于 20 世纪 80 年代停止了 PCBs 的生产，年轻人群中五氯代 PCBs 的升高有悖于 PCBs 自身易于生物富集的物理化学性质。在近年的研究中，有研究人员发现在水泥、钢铁等工业的热处理过程中造成了非故意制造 PCBs[84][110]（unintentionally produced PCBs：UP-PCBs），同时通过模型测算指出在 2000 年以后，UP-PCBs 在我国的排放量迅速增长[110]。虽然我国目前经济已进入新常态，增长速度相对过去有所下滑，但相对于其他国家来说仍处于经济高速增长状态，再加上新型城镇化的需要，基础工业仍呈稳步发展态势。如果是由于经济发展而带来的 UP-PCBs 排放的增加，那这将成为一个问题值得政策制定者统筹考虑。

三、我国 5 个城市不同年龄段人体血清中 PCBs 组成分布

前文中提到 PCB-101、PCB-114、PCB-126 含量水平在年轻人体血清中有上升的趋势，而这 3 种 PCBs 同族体含量占比在年轻人群中也有升高的趋势，见图 2-5。从 5 个城市整体来看，PCB-101 占总水平的比例由 27%（≥ 60 岁年龄段）升高至 43%（20—29 岁年龄段），PCB-114 由 1.9%（≥ 60 岁年龄段）升高至 3.9%（30—39 岁年龄段），PCB-126 由 1.1%（≥ 60 岁年龄段）升高至 2.6%（30—39 岁年龄段）。民族地区的怀化（PCB-101、PCB-114、PCB-126）、甘孜（PCB-101）、陵水（PCB-101）PCB 同族体含量

水平占比在年轻人群中均有升高的趋势。PCBs同族体含量水平占比随年龄下降而上升的趋势进一步说明，现在我国民族地区城市中还存在PCBs的排放源。

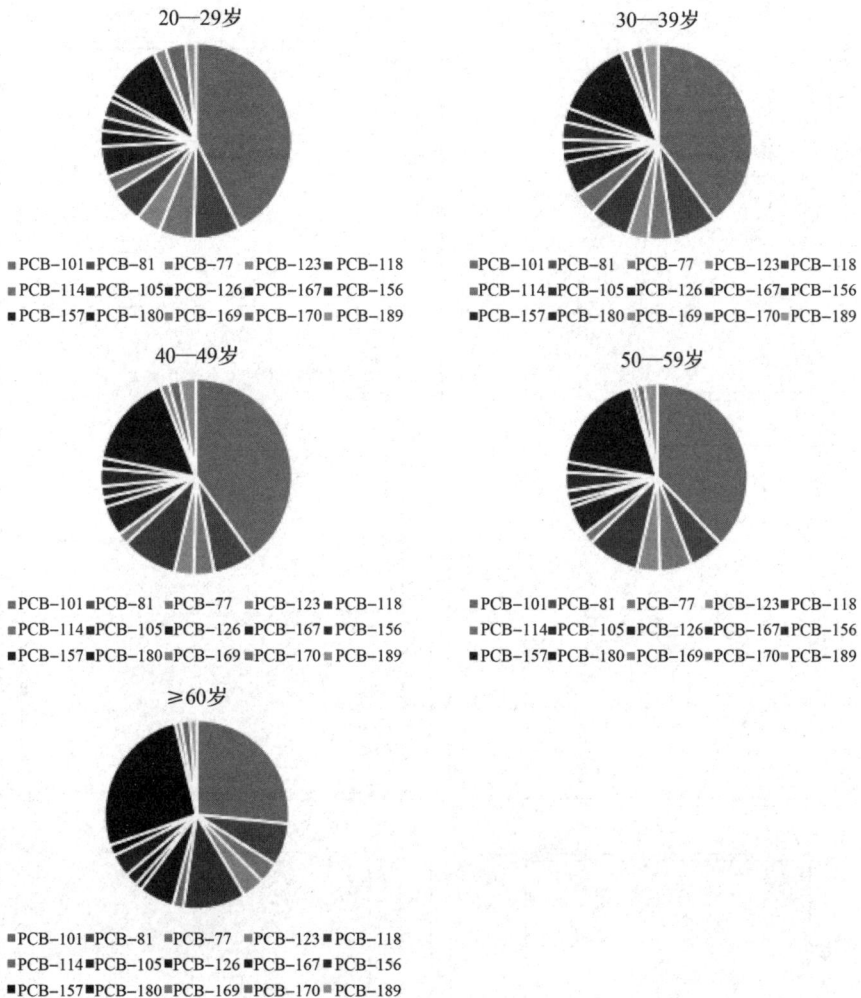

20—29岁

■PCB-101■PCB-81 ■PCB-77 ■PCB-123■PCB-118
■PCB-114■PCB-105■PCB-126■PCB-167■PCB-156
■PCB-157■PCB-180■PCB-169■PCB-170■PCB-189

30—39岁

■PCB-101■PCB-81 ■PCB-77 ■PCB-123■PCB-118
■PCB-114■PCB-105■PCB-126■PCB-167■PCB-156
■PCB-157■PCB-180■PCB-169■PCB-170■PCB-189

40—49岁

■PCB-101■PCB-81 ■PCB-77 ■PCB-123■PCB-118
■PCB-114■PCB-105■PCB-126■PCB-167■PCB-156
■PCB-157■PCB-180■PCB-169■PCB-170■PCB-189

50—59岁

■PCB-101■PCB-81 ■PCB-77 ■PCB-123■PCB-118
■PCB-114■PCB-105■PCB-126■PCB-167■PCB-156
■PCB-157■PCB-180■PCB-169■PCB-170■PCB-189

≥60岁

■PCB-101■PCB-81 ■PCB-77 ■PCB-123■PCB-118
■PCB-114■PCB-105■PCB-126■PCB-167■PCB-156
■PCB-157■PCB-180■PCB-169■PCB-170■PCB-189

图 2-5　15种PCBs同族体含量水平在我国不同年龄段人体血清中的占比

　　分别对5个城市整体和5个城市内部五个年龄段人体血清中15种PCBs同族体在每个年龄段中的占比做聚类分析和主成分分析（见图2-6、图2-7），我们发现无论是从5个城市整体还是每个城市分开来看，年轻人和年长者都分属不同的类别，尤其是20—29岁年龄段和≥60岁年龄段的人群，这一结果与 Pavuk 等人对美国 Anniston 社区人体血清中 PCBs 同族体在不同年龄段分布的分析结果相一致[59]。无论是民族地区城市怀化、

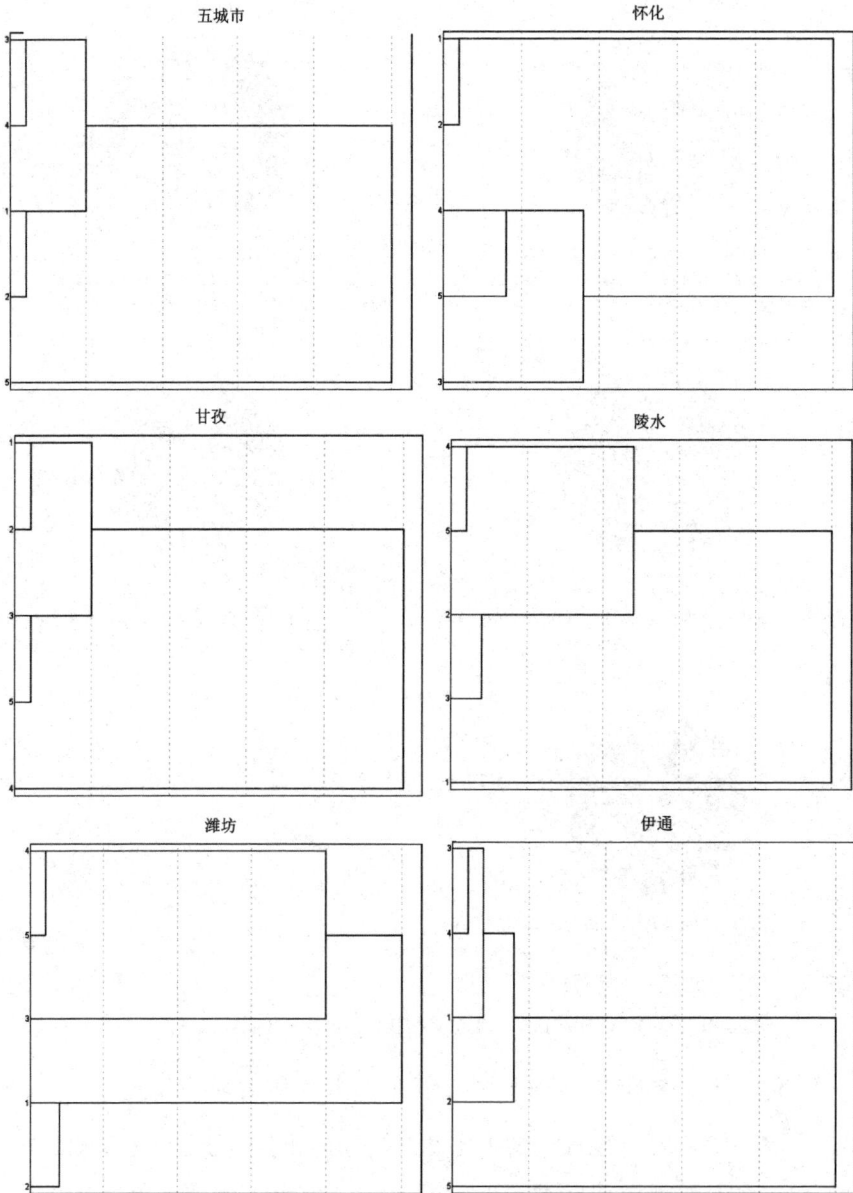

图 2-6　我国 5 个城市五年龄段 15 种 PCB 同族体占比完整联接树状图

（1——20—29 岁；2——30—39 岁；3——40—49 岁；4——50—59 岁；5——≥ 60 岁）

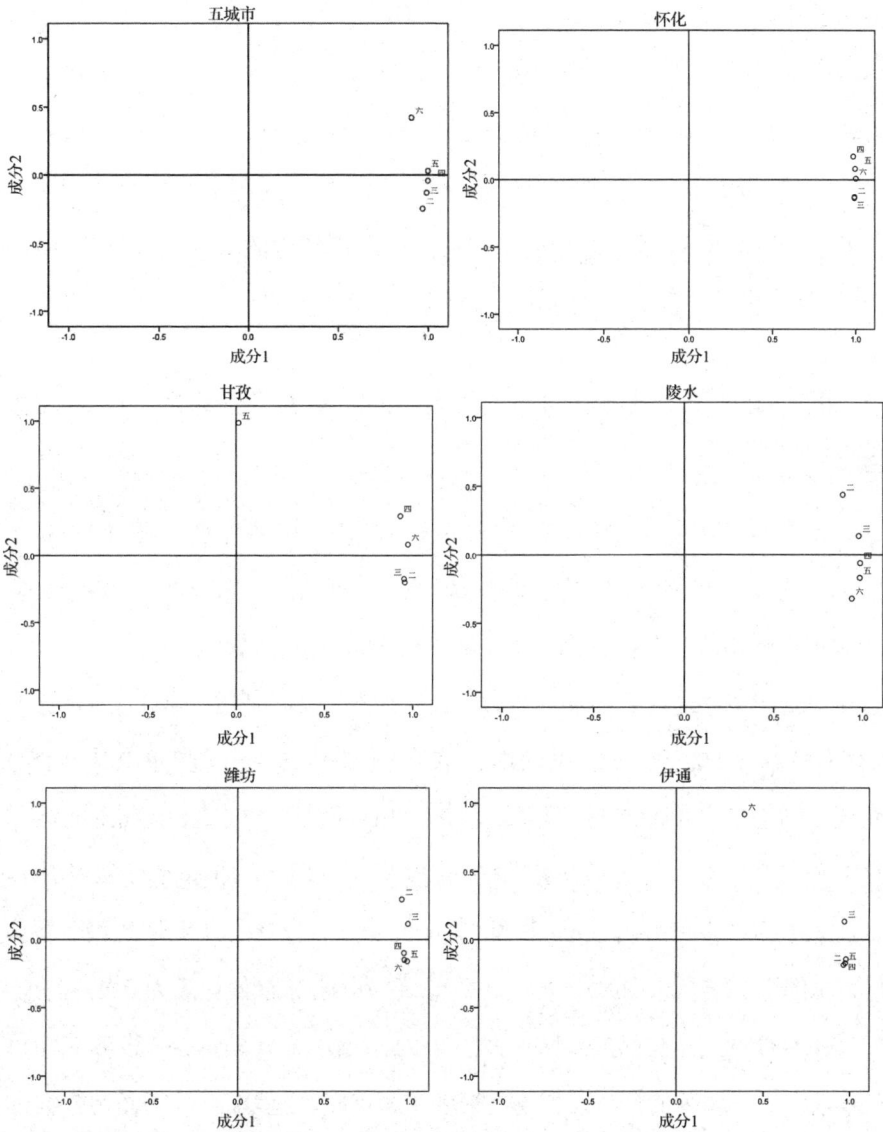

图 2-7　我国 5 个城市五年龄段 15 种 PCB 同族体占比 PCA 分析图

（二——20—29 岁；三——30—39 岁；四——40—49 岁；五——50—59 岁；六——≥ 60 岁）

甘孜、陵水和伊通还是非民族地区城市潍坊，从聚类分析来看，20—29 岁
年龄段和 ≥ 60 岁年龄段的人群从最初的一级分类上就属于不同类型；从
主成分分析来看，这两个年龄段人群分属不同象限。民族地区城市甘孜、

陵水和伊通≥60 岁年龄段的人群在完整联接树状图中均表现出单独属于一类。民族地区城市甘孜和伊通在主成分分析中均表现出 20—29 岁年龄段人群在第四象限而≥60 岁年龄段人群在第二象限。统计学分析结果显示，我国民族地区年轻人和年长者对于 PCBs 的暴露源是不同的。对于年轻人来说，PCBs 的暴露源是由于工业热处理而产生的 UP-PCBs 还是染料和油漆制造[111]，值得我们进一步研究。

四、我国 5 个城市不同年龄段人体血清中类二噁英 PCBs 毒性当量水平

利用 WHO-TEF2005 计算 12 种 DL-PCBs 同族体毒性当量（TEQ），TEF 值见表 1-1。从 5 个城市整体来看，Σ_{12}DL-PCBs TEQ 为 0.019ng/g 脂重 WHO-TEQ$_{2005}$。TEQ 值高于韩国（0.0067ng/g 脂重 WHO-TEQ）[96]、加拿大（0.0015ng/g 脂重 WHO-TEQ$_{2005}$ 人乳）[112] 和意大利（0.0039ng/g 脂重 WHO-TEQ$_{2005}$）[113]，低于我国浙江省台州市（0.143ng/g 脂重 WHO-TEQ 人乳）和临安市（0.071ng/g 脂重 WHO-TEQ 人乳）[114]。TEQ 值在年轻人群中有上升趋势，最大值出现在 20—29 岁年龄段（0.034ng/g 脂重 WHO-TEQ$_{2005}$）为最小值 0.011ng/g 脂重 WHO-TEQ$_{2005}$（50—59 岁年龄段）的 3 倍，见图 2-8。5 个城市中，位于民族地区的伊通 TEQ 值最大为 0.053ng/g 脂重 WHO-TEQ$_{2005}$，非民族地区的潍坊 TEQ 值最小为 0.0058ng/g 脂重 WHO-TEQ$_{2005}$。民族地区的怀化、伊通、陵水三地 TEQ 均呈现出在年轻人群中上升的趋势。其中，怀化 TEQ 最高值为 0.025ng/g 脂重 WHO-TEQ$_{2005}$（30—39 岁年龄段）；伊通 TEQ 最高值为 0.13ng/g 脂重 WHO-TEQ$_{2005}$（20—29 岁年龄段）是最低值 0.020ng/g 脂重 WHO-TEQ$_{2005}$（≥60 岁年龄段）的 6 倍。民族地区年轻人群中 Σ_{12}DL-PCBs TEQ 的上升值得我们警惕，应进一步加强全国范围内民族地区 Σ_{12}DL-PCBs 的监测并深入研究其来源。

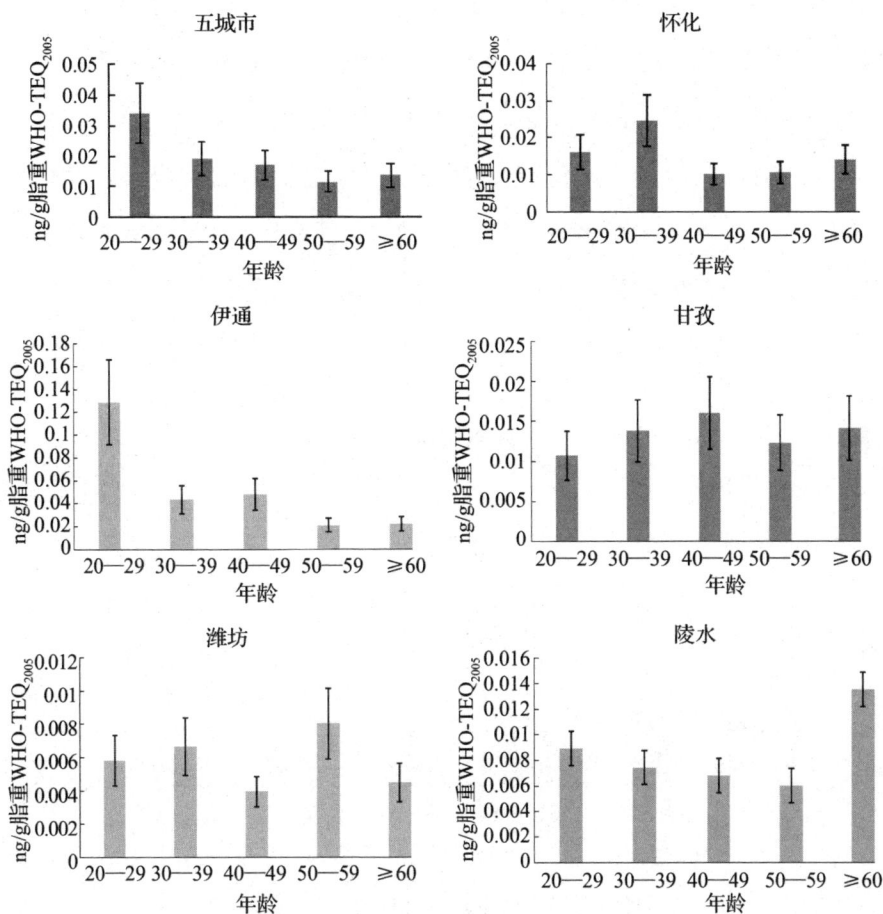

图 2-8　我国不同年龄段人体血清中 12 种 DL-PCBs 同族体毒性当量
（误差线为标准偏差，年龄单位为岁）

　　无论是从 5 个城市整体来看还是五城市内部来看，PCB-126 对 TEQ 贡献最大均超过 89%。PCB-126 TEQ 在 5 个城市整体和民族地区城市伊通内部均表现出在年轻人群中上升的趋势，见图 2-9。PCB-126 TEQ 在 5 个城市整体里最大值出现在 20—29 岁年龄段为 0.034ng/g 脂重 WHO-TEQ$_{2005}$，最小值在 50—59 岁年龄段为 0.011ng/g 脂重 WHO-TEQ$_{2005}$；在伊通最大值出现在 20—29 岁年龄段为 0.13ng/g 脂重 WHO-TEQ$_{2005}$，最小值出现在 50—

59 岁年龄段为 0.021ng/g 脂重 WHO-TEQ$_{2005}$。有研究报道 PCB-126 在生物体内的半衰期为 210 天[115]，高于 PCB-138（6 天）和 PCB-153（69 天）[116]。较长的半衰期使得 PCB-126 在生物体内代谢相对缓慢，但为什么在人体血清中 PCB-126 TEQ 值会在年轻人群中升高？有研究显示[117][118]，焚烧源的排放可产生 PCB-126。伊通位于我国的老工业基地，PCB-126 TEQ 在年轻人群中升高可能来源于新的工业污染。如果年轻人群人体血清中 PCB-126 TEQ 值来源于工业焚烧炉，那么这一现象值得研究人员的进一步关注。

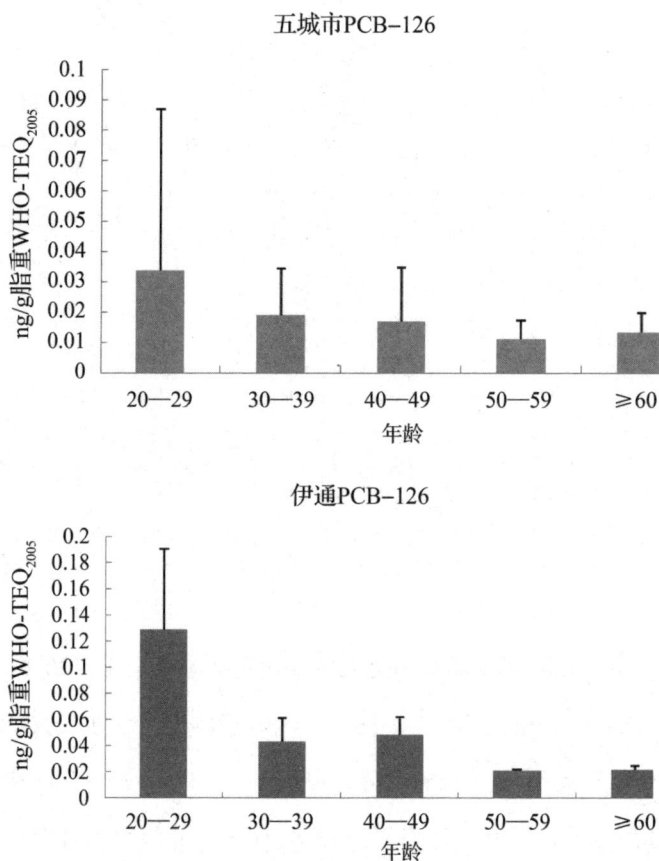

五城市PCB-126

伊通PCB-126

图 2-9　我国 5 个城市整体和伊通不同年龄段人体血清中 PCB126 毒性当量
（误差线为标准偏差，年龄单位为岁）

第四节 小 结

无论是我国民族地区城市还是非民族地区城市，人体血清中 PCBs 水平与其他国家相比均处于较低水平，但是本研究发现 Σ_{15}PCBs 水平呈现出在民族地区的怀化、伊通和甘孜年轻人群中上升的趋势，尤其是位于我国民族地区的伊通 20—29 岁年龄段人体血清中 Σ_{15}PCBs 含量（22ng/g 脂重）显著高于 ≥60 岁年龄段（7.4ng/g 脂重）（p=0.041）。民族地区的怀化（PCB-101、PCB-114、PCB-126）、甘孜（PCB-101）、陵水（PCB-101）PCB 同族体含量水平占比在年轻人群中均有升高的趋势。PCBs 同族体含量水平占比随年龄下降而上升的趋势进一步说明现在我国民族地区城市中还存在 PCBs 的非故意排放源。我国 5 个城市各年龄段中五氯代 PCBs 均是最主要的污染物，其大部分同族体均表现出年轻人群水平上升的趋势且水平占比在年轻人群中也有升高的趋势，但民族地区城市陵水由于其特殊的地理位置表现出 ≥60 岁年龄段七氯代 PCBs 为主要的污染物。经过统计学分析发现，无论是民族地区 4 个城市（怀化、甘孜、陵水和伊通）还是非民族地区城市（潍坊）年轻人（20—29 岁）和年长者（≥60 岁）对于 PCBs 的暴露源是不同的。我国民族地区的怀化、伊通和陵水三地 Σ_{12}DL-PCBs TEQ 均呈现出在年轻人群中上升的趋势。其中伊通 Σ_{12}DL-PCBs TEQ 值在 5 个城市中最高，从年龄段来看，伊通 Σ_{12}DL-PCBs TEQ 值最高出现在 20—29 岁年龄段。PCBs 水平在民族地区城市年轻人群中的上升趋势值得我们关注，进一步研究年轻人群中 PCBs 的暴露源将会成为今后研究的热点。

第三章　我国民族地区城市人体血清中 新型溴代阻燃剂水平及分布特征

第一节　新型溴代阻燃剂生产使用及检出基本情况

六溴联苯醚和七溴联苯醚（商用八溴联苯醚）、四溴联苯醚和五溴联苯醚（商用五溴联苯醚）、十溴联苯醚（商业混合物，C-十溴联苯醚）于2009年被列入《斯德哥尔摩公约》16种新增的POPs[119]。我国于2014年将上述化学品（除十溴联苯醚外）列入需要控制的POPs。新型溴代阻燃剂（novel brominated flame retardants, NBFRs）包括六溴苯（hexabromobenzene, HBB）、五溴甲苯（pentabromotoluen, PBT）、五溴苯（pentabromobenzene, PBBz）、四溴对二甲苯（2, 3, 5, 6-tetrabromo-P-xylene, PTBX）作为多溴联苯醚（polybrominated diphenyl ethers, PBDEs）的替代品在纸张制品、木制品、编织物、橡胶、电子和塑料制品中广泛使用[17]。据文献报道，目前HBB在中国和日本均有生产，在欧洲国家和美国没有生产记录[17][120]。2001年，日本在商品中使用约350吨HBB[121]。PBT在中国、美国和以色列均有生产，全球年产量为1000—5000吨[124][125]。PBT（商品标签FR-105）在美国使用较为广泛[124]。有研究显示，长期的PBT暴露可对肝脏、肾脏和甲状腺产生一定的影响[125]。文献中对于PBBz和PTBX的生产和使用的报道较少。

　　NBFRs 已在不同的环境介质和生物介质中持续检出，逐步受到各国研究人员的关注。吴辉等[23]的研究发现，山东潍坊和广西南宁大气中 Σ_3NBFRs（PBT、PEBE 和 HBB）含量的算术平均值为 4.2×10^3pg/m^3 和 11.9pg/m^3。Möller 等[126]对东南亚海洋上空大气中 NBFRs 进行观测发现，东印度群岛大气中 HBB 为 26pg/m^3。Gorga 等[127]对西班牙污水污泥的检测发现，HBB 和 PEBE 含量（以干重计）分别为 0.44ng/g 和 0.25ng/g。在对我国云南树皮中 NBFRs 的研究中，Yuan 等[128]发现 PBBz、PBT 和 HBB 在树皮中的平均含量分别为 0.89、0.24 和 0.43ng/g 脂重。Sühring 等[129]发现 NBFRs 存在于欧洲鳗鲡肌肉组织中。Saini 等[130]在清洗衣物的水中也检测到了 PBBz、PBT 和 HBB。但是对于人体血清中 NBFRs 含量水平的报道和对我国民族地区城市不同年龄段人体血清中 NBFRs 含量趋势的分析较为少见。为了解 NBFRs 在人体血清中的水平趋势以及在民族地区城市不同年龄段人群中的分布特征，本研究选取位于东北地区的吉林省伊通满族自治县、中部地区的湖南省怀化市、西部地区四川省甘孜藏族自治州为采样点。通过对这 3 个城市人体血清中 4 种 NBFRs（PTBX、PBBz、PBT 和 HBB）在 5 个年龄段（20—29、30—39、40—49、50—59、≥60 岁）中含量的分析，探寻 NBFRs 在不同年龄段人体血清中的含量趋势及分布特征。

第二节 材料与方法

一、采样信息

2014 年 4—10 月，在民族地区 3 个选定城市的医院共收集了 887 份血清样本（女性 434 份，男性 453 份，见表 3–1）。在捐赠者和医院的同意下，从定期体检人群的剩余血清中提取实验所需要的样本。以样本的年龄（≥60、50—59、40—49、30—39、20—29 岁）和性别为依据，将每个城市的样本分为 10 组。从每一个单体样本中取 0.5mL 血清进行混合，再从混合均匀的样本中取 3mL 血清作为该年龄段该性别的混合样本。3 个城市共计 30 份混合样本，见表 3–1。

表3-1 我国3个民族地区城市人体血清采样信息

年龄（岁）	项目		怀化	伊通	甘孜	3 个城市合计
≥60	男性 / 女性（采样个数）		40/40	40/40	10/10	90/90
	年龄	中间值	68	67	65	
		算术平均值	69	69	66	
		标准偏差	7	8	6	
		最小值	60	60	60	
		最大值	85	88	77	
50—59	男性 / 女性（采样个数）		61/59	36/49	10/10	107/118
	年龄	中间值	54	54	56	
		算术平均值	54	54	55	
		标准偏差	3	3	3	
		最小值	50	50	50	
		最大值	59	59	59	

年龄（岁）	项目		怀化	伊通	甘孜	3个城市合计
40—49	男性/女性（采样个数）		78/71	37/30	10/10	125/111
	年龄	中间值	45	46	44.5	
		算术平均值	44	45	45	
		标准偏差	3	3	3	
		最小值	40	40	40	
		最大值	49	49	49	
30—39	男性/女性（采样个数）		48/33	19/22	10/10	77/65
	年龄	中间值	35	36	35	
		算术平均值	34	35	35	
		标准偏差	3	3	2	
		最小值	30	30	30	
		最大值	39	39	39	
20—29	男性/女性（采样个数）		37/34	7/6	10/10	54/50
	年龄	中间值	26	26	24	
		算术平均值	26	25	24	
		标准偏差	3	2	3	
		最小值	20	22	20	
		最大值	29	28	29	

二、仪器与试剂

6890N-5975 气相色谱—质谱联用仪（Agilent，USA）、R-25 型旋转蒸发仪（Buchi，Swiss）、Aanti.J-25 高速离心机（Beckman，USA）、BF2000氮气吹干仪（北京八方世纪科技有限公司）、AB204-L 型电子分析天平（Mettler Toledo，Swiss）、Milli-Q 超纯水系统（Millipore，USA）。

正己烷（农残级）、二氯甲烷（色谱级）、甲基叔丁基醚（色谱级）、异丙醇（色谱级）、丙酮（色谱级）、甲苯（色谱级）（J.T.Baker，USA）。正壬烷（≥99%，Alfa Aesar，USA）。中性硅胶（75~150μm，Mreck，Germany），使用前用 2 倍体积的二氯甲烷洗涤后，在 130℃烘箱中烘烤 12h，冷却后加入 5%（质量分数）去离子水、无水硫酸钠（分析纯，国药集团化学试剂有限公司），使用前于 450℃马弗炉中烘烤 4h。高纯氮气、氦气（北京诚为信公司）、甲烷（北京氮普公司）、超纯水（自制，美国 Millipore 公司超纯水处理系统）。标准样品：$^{13}C_{12}$-BDE-139、$^{13}C_{12}$-HBB（Accustandard，USA）。

三、样品处理与分析

将混合血清样品从 -20℃冰箱中取出待温度恢复至常温，混合均匀后精确取出 3mL 样品于 15mL 刻度试管中，加入 $^{13}C_{12}$-HBB 和 $^{13}C_{12}$-BDE-139，并依次加入 1mL 盐酸（6mol/L）、6mL 异丙醇、4mL 正己烷 – 甲基叔丁基醚混合溶液（v/v=1∶1），混合均匀后静置过夜。将样品于 3000r/min 转速下离心 3min，将上层有机溶液转移至 15mL 刻度试管中，下层水相用 4mL 正己烷 – 甲基叔丁基醚混合溶液（v/v=1∶1）萃取 2 次，离心后将上层有机相并入刻度试管中，并将合并后的有机相氮吹浓缩至 5mL，加入 4mL KCl 水溶液（w/w=1%），混匀后静置过夜。将样品于 3000r/min 转速下离心 3min，将上层有机溶液转移至 10mL 离心管中（事先称重），下层水相用 4mL 正己烷 – 甲基叔丁基醚混合溶液（v/v=1∶1）萃取 2 次，离心后将上层有机相并入离心管中，并将合并后的有机相氮吹浓缩，重力法测定样品脂肪含量。向样品中加入 4mL 正己烷、2mL KOH 溶液〔0.5mol/L，采用乙醇—水混合溶液（v/v=1∶1，作为溶剂）〕，混合均匀后静置过夜。将样品于 3000r/min 转速下离心 3min，将上层有机溶液转移至 10mL 离心管中，下层水相用 3mL 正己烷萃取 2 次，离心后将上层有机相并入离心管中，并将合并后的有机相氮吹浓缩至 1mL。将浓缩液用凝胶渗透色谱柱（gel permeation chromatography，GPC）净化，采用 200mL 正己烷 – 二氯甲烷混合溶液（v/v=1∶1）洗脱，洗脱液依次进行旋转蒸发和氮吹浓缩至 1mL 后，采用酸性硅胶柱进行净化除杂（填充物从下到上依次为玻璃棉、0.1g 中性硅胶、0.5g 酸性硅胶、1.5g 无水硫酸钠），采用 12mL 正己烷 – 二氯甲烷混合溶液（v/v=1∶1）洗脱，将洗脱液浓缩后用正壬烷定容至 100μL，准备 GC–MS 分析。

采用 6890N–5975 气相色谱—质谱联用仪（Agilent，USA）进行物质检测。选用 DB–5MS 色谱柱（30m×0.25mm i.d.，膜厚 0.1μm，J&W Scientific）。升温程序：初始温度为 100℃，保持 2min；4℃/min 升至 300℃后保持 12min。载气为高纯氦气，柱流速 1mL/min。进样口温度为 290℃，进样量为 1μL，采用不分流进样。质谱条件：离子源（CI）和四极杆温度均为 150℃；质谱运行模式为 SIM。监测到的每种分析物的 m/z 比率如表 3–2 所示。

表3-2　4种NBFRs同族体仪器检测相关信息

化合物	定量离子 (m/z)	保留时间（min）	检出率（%）	定量限 (pg)
PTBX	419.6/421.6	29.579	80	0.4
PBBz	471.6/473.6	30.189	100	0.2
PBT	485.6/487.6	34.136	100	0.2
HBB	547.6/549.6	38.111	100	0.1

四、质量控制与保证

本实验所使用的所有玻璃器皿均在使用前使用超纯水清洗 30 遍以上，烘干后使用正己烷润洗 5 遍，保证样品不受污染。玻璃采血管、刻度试管、离心管、胶头滴管等均为一次性使用且使用前清洗；其他玻璃器皿清洗、烘干后需在马弗炉内 450℃高温灼烧 4h 以上，再用有机溶剂润洗。在样品处理和分析中，每个城市各随机设置一个平行样本和一个空白样本。

本实验利用同位素稀释法定量测定 $^{13}C_{12}$ 标记目标化合物，并用同位素内标法定量测定其他目标化合物。所有分析物校正曲线的相关系数均大于 0.9999。定量限含量为 10 倍信噪比。在人体血清中 NBFRs 定量限为 0.1—0.4pg。空白对照样品中未检出目标化合物。标记的 $^{13}C_{12}$–HBB 和 $^{13}C_{12}$–BDE–139 回收率分别为 67%—92% 和 88%—98%。

五、统计分析

采用 SPSS 19.0（USA，IBM）进行数据统计与分析。采用置信区间（Confidence interval，CI）分析确定样本含量的置信度和置信范围。通过独立样本 T 检验分析样本含量性别间的差异性。

第三节　研究结果与讨论

一、我国 3 个民族地区城市人体血清中 NBFRs 水平

对 3 个民族地区城市（伊通、甘孜和怀化）5 个年龄段（20—29、30—39、40—49、50—59、≥60 岁）不同性别人群混合血清中 PTBX、PBBz、PBT 和 HBB 进行检测分析，除 PTBX 检出率为 80%，其余 3 种 NBFR 同族体的检出率均为 100%，本文对于未检出的样本含量在进行统计分析时采用定量限的一半代替。3 个城市人体血清中 4 种 NBFRs 总含量的算术平均值为 12ng/g 脂重（95% CI：6.9—17），含量按照从高到低的顺序依次为：伊通（16ng/g 脂重，95% CI：8.4—24）、怀化（15ng/g 脂重，

95% CI：2.7—28）、甘孜（3.9ng/g脂重，95% CI：3.1—4.7）（见图3-1）。从NBFRs同族体来看，伊通、甘孜和怀化人体血清中HBB平均含量均高于2006年天津的水平（0.46ng/g脂重）[131]，伊通、甘孜和怀化人体血清中PBBz平均含量低于2011年潍坊的水平（1.4ng/g脂重）[69]，见表3-3。通过对这3个城市人体血清中15种PCBs（PCBs 77、81、101、105、114、118、123、126、156、157、167、169、170、180和189）的检测发现[132]，伊通和怀化人体血清中NBFRs总含量高于这两个城市人体血清中PCBs含量（伊通：15ng/g脂重；怀化：10ng/g脂重）。本研究中3个民族地区城市HBB平均含量不仅高于天津的报道水平[131]，而且NBFRs总含量还高于已被列入POPs公约的PCBs含量，说明我国人体中NBFRs的污染呈现出上升的趋势，需要进一步持续地关注。

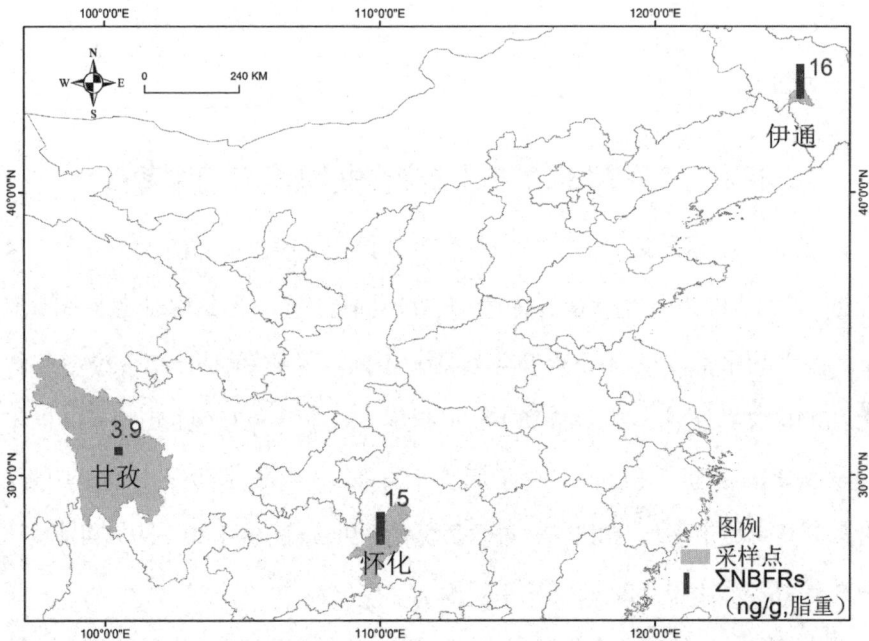

图3-1　我国3个城市人体血清中4种NBFRs总含量

表3-3　我国3个城市人体血清中NBFRs含量（ng/g脂重）

城市	项目	PTBX	PBBz	PBT	HBB
伊通	中间值	0.61	0.35	2.02	10.96
	算术平均值	0.23	0.35	2.79	12.80
	标准偏差	0.18	0.15	2.79	8.19
	最小值	ND	0.16	0.47	3.80
	最大值	0.77	0.61	9.23	28.41
甘孜	中间值	1.71	0.23	0.80	0.90
	算术平均值	1.60	0.23	1.00	1.08
	标准偏差	0.58	0.03	0.48	0.56
	最小值	0.44	0.19	0.49	0.56
	最大值	2.34	0.30	1.92	2.36
怀化	中间值	5.20	0.26	0.19	3.54
	算术平均值	5.62	0.31	0.31	8.91
	标准偏差	1.67	0.14	0.29	14.11
	最小值	3.86	0.19	0.12	0.39
	最大值	8.14	0.67	1.02	47.21

ND：未检出

二、我国 3 个民族地区城市人体血清中 NBFRs 年龄趋势

我国 3 个民族地区城市 5 个年龄段 NBFRs 平均含量如图 3-2 所示。尽管 3 个城市 NBFRs 平均含量最高值出现在不同年龄段，但是均出现 20—29 岁年龄段平均水平高于 30—39 岁年龄段。伊通、甘孜和怀化 20—29 岁年龄段 NBFRs 含量分别为 24、4.0 和 19ng/g 脂重，均高于这 3 个城市 30—39 岁年龄段 NBFRs 含量（伊通：17ng/g 脂重；甘孜：3.4ng/g 脂重；怀化：10ng/g 脂重）。3 个城市平均 NBFRs 含量由最低值 9.9ng/g 脂重（30—39 岁年龄段）上升至 16ng/g 脂重（20—29 岁年龄段）。

从我国 3 个城市 5 个年龄段人体血清中 4 种 NBFRs 平均含量来看（见图 3-3），甘孜人体血清中 HBB 最低值出现在 50—59 岁年龄段（0.70ng/g 脂重），最高含量出现在 20—29 岁年龄段（1.5ng/g 脂重）。在伊通，HBB

最高值为 21ng/g 脂重（20—29 岁年龄段），为最低值 6.0ng/g 脂重（≥60 岁年龄段）的 3 倍。怀化 20—29 岁年龄段 HBB 含量为 12ng/g 脂重，是 50—59 岁年龄段（2.0ng/g 脂重）的 6 倍。伊通 PBT 含量从 50—59 岁年龄段的 0.60ng/g 脂重上升至 30—39 岁年龄段的 3.7ng/g 脂重。甘孜人体血清中 PBT 最低含量出现在 50—59 岁年龄段（0.63ng/g 脂重），最高含量为 1.3ng/g 脂重（20—29 岁年龄段）。在怀化，人体血清中 PBT 含量从 0.15ng/g 脂重（50—59 岁年龄段）上升至 0.44ng/g 脂重（20—29 岁年龄段）。在伊通，PBBz 从最低值 0.21ng/g 脂重（≥60 岁年龄段）上升至 0.46ng/g 脂重（20—29 岁年龄段）。怀化 PBBz 从最低值 0.22ng/g 脂重（50—59 岁年龄段）上升至最高值 0.47ng/g 脂重（20—29 岁年龄段）。近年来，由于 POPs 公约对 PBDEs 等阻燃剂的限制，可能导致我国 NBFRs 使用量的上升，而年轻人更多地暴露于含有 NBFRs 的物品可能是 HBB、PBT 和 PBBz 含量在年轻人中升高的原因。

虽然 NBFRs 还未被列入 POPs 公约，但相关研究显示 NBFRs 具有类似 POPs 的性质。有关研究报道，与 PBDEs 和 HBCDs（六溴环十二烷）相比，NBFRs 具有更高的蒸汽压，更易于蒸发至大气中[133][134]，NBFRs 如 PBT 已具有类似 PBDEs 一样在大气中远距离迁移的能力[131]。Wu 等人通过水生生物实验研究证实 HBB 具有很强的生物富集特性[135]。HBB 在含氧的土壤中半衰期少于 40 天，而在无氧环境下半衰期超过 100 天[136]。Harju 等人的研究显示，虽然没有观测到 PBT 的直接毒理证据，但是观察到了肝脏、肾脏和甲状腺的组织学变化[137]。何畅通过对黄河上游沉积物中 NBFRs 的含量分析，将 PBBz 和 PBT 列为潜在的 POPs[16]。由此可见，具有潜在 POPs 性质的 NBFRs 在我国年轻人群血清中呈现出含量升高的趋势，可能会造成对人体环境健康风险增加的趋势，因此值得我们进一步关注和深入研究。

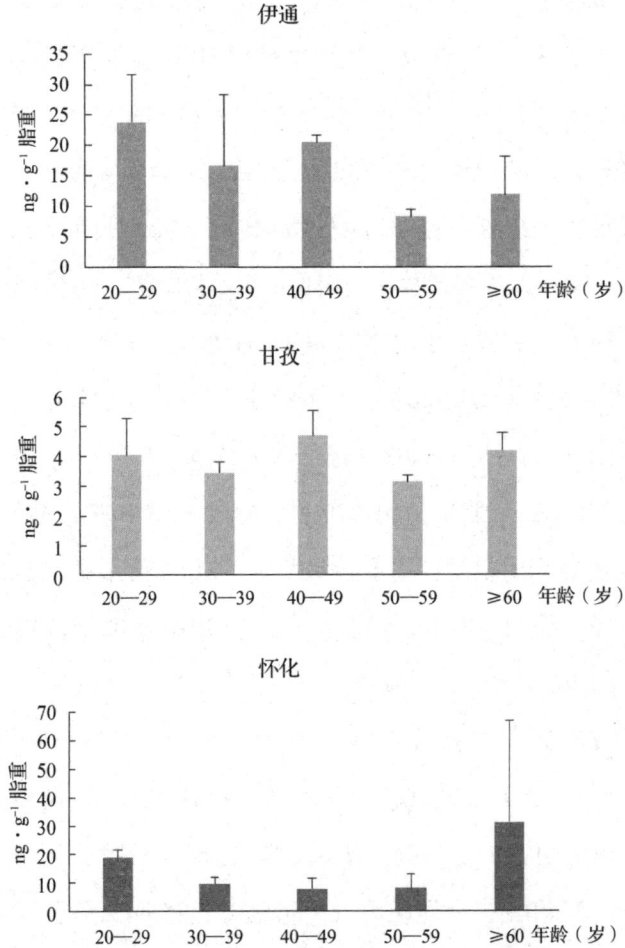

图 3-2　我国 3 个民族地区城市 5 个年龄段人体血清中 NBFRs 平均含量
（柱状图为算术平均值，误差线为标准偏差）

三、我国 3 个民族地区城市人体血清中 NBFRs 组成分布

从 3 个民族地区城市分别来看，伊通和怀化在 5 个年龄段均有占主要成分的 NBFRs，但甘孜首要污染物不明显且 4 种 NBFRs 占比在 5 个年龄段中基本稳定，见图 3-3。甘孜人体血清中 NBFRs 水平相对于伊通和怀化来说要低一个数量级，从 5 个年龄段结构组成来看甘孜 4 种 NBFRs 占比保

持稳定，同时也发现甘孜 HBB、PBT 含量在 5 个年龄段上与伊通和怀化都具有在年轻人群中升高的趋势。据此本研究认为，尽管甘孜较少受到工业的直接污染，但 NBFRs 在不同年龄段的含量特征也反映了当前的污染趋势，其 NBFRs 的污染源可能主要来自外部地区大气的远距离输送。在伊通，5 个年龄段中 HBB 含量占比均位于首位，占比均超过 50%。HBB 在怀化 3 个年龄段（20—29、30—39、≥60 岁）成为首要污染物，PTBX 成为其余两个年龄段占比最大的 NBFRs（40—49、50—59 岁）。

NBFRs 的污染主要来自该种物质的生产和消费[131][138]。据文献报道，我国浙江杭州和辽宁沈阳部分工厂有 HBB 的生产[131]，山东寿光市龙发化工有限公司每年各生产 HBB 和 PBT 600 吨[17]。有研究表明，工业热加工过程比如钢铁生产、固体废物焚烧是多溴苯污染的来源[139][140][141]。采样点伊通位于我国东北的老工业基地，怀化是我国中部省份湖南省面积最大的地级市，甘孜在我国西部地区青藏高原东南缘。长期以来，由于我国经济政策的倾向性，我国的东部和中部地区经济发展程度要高于西部地区。2010 年，我国东、中、西部地区人均 GDP 达到工业化中期阶段标准的地级行政单元分别占全国的 38.21%、31.71%、30.08%；东、中、西部地区人均 GDP 达到工业化后期阶段标准地级行政单元分别占全国的 65%、20% 和 15%[142]。2014 年，伊通、怀化、甘孜 3 个城市 GDP 分别为 1289 亿元[143]、1181 亿元[144]、207 亿元[145]。工业化的快速发展可能是导致伊通、怀化人体血清中 NBFRs 含量较高，而甘孜水平较低的原因。伊通人体血清中高含量水平的 HBB 还可能来自与其相毗邻的辽宁沈阳 HBB 工厂。

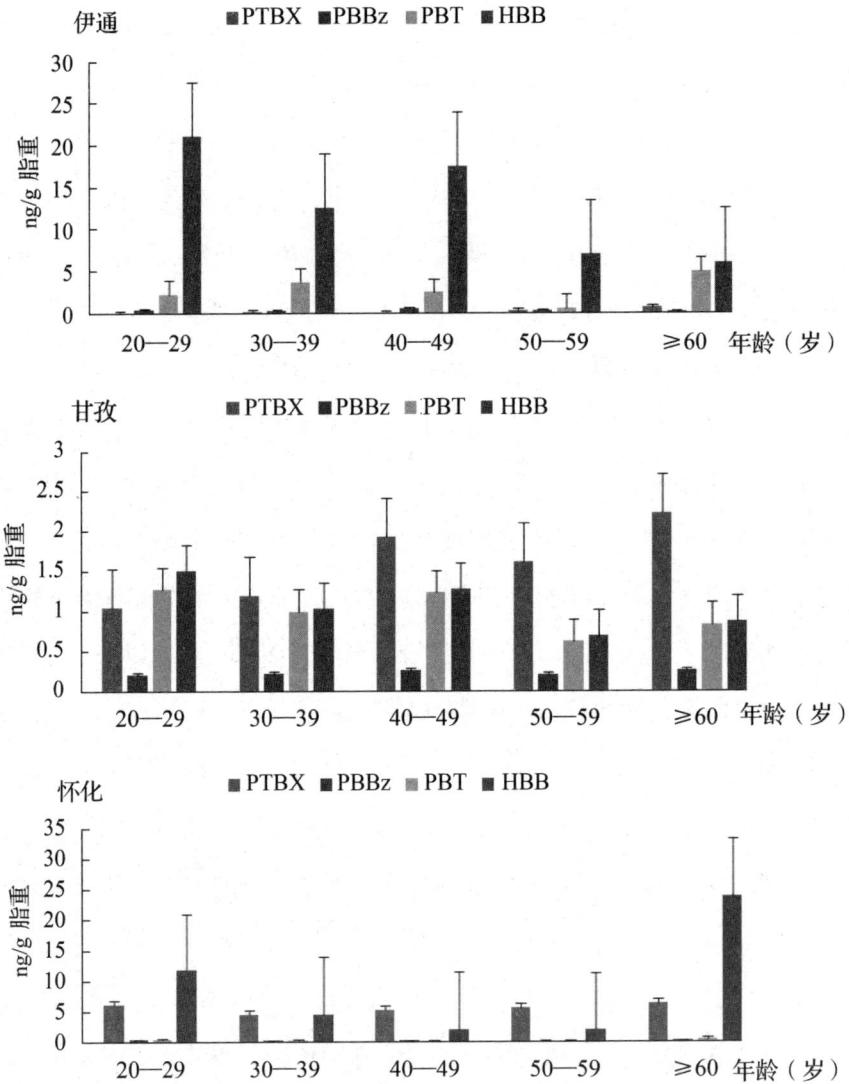

图3-3　我国3个城市5个年龄段人体血清中四种 NBFRs 平均含量
（柱状图为算术平均值，误差线为标准偏差）

第四节　小　结

本研究表明，NBFRs 总含量从高到低为伊通、怀化、甘孜，并且伊通和怀化人体血清中 NBFRs 总含量高于这两个城市 PCBs 的含量。3 个城市 NBFRs 含量均呈现出在年轻人群中上升的趋势。伊通和怀化在 5 个年龄段均有占主要成分的 NBFRs，但甘孜首要污染物不明显且 4 种 NBFRs 占比在 5 个年龄段中基本稳定。民族地区城市所处的经济发展阶段不同使得其 NBFRs 在各城市人体血清中的分布特征也有所不同。伊通和怀化与甘孜相比较，工业经济发展程度较高，因而这两个城市人体血清中 NBFRs 水平高于甘孜。甘孜工业发展相对落后，其人体血清中 NBFRs 可能大多来自外来污染源的大气远距离输送。

第四章　我国民族地区城市人体血清中有机氯农药水平及分布特征

第一节　有机氯农药生产使用基本情况

早在 20 世纪有机氯农药（OCPs）就已被广泛应用于世界各地的农业害虫防治。OCPs 于 1950 年开始生产使用，在 1960 年至 1970 年间被广泛用于保护作物和预防疾病。1970 年至 1980 年期间，HCB、HCH 和 DDT 是世界上使用最广泛的农药[146]。OCPs 具有持久性和亲脂性，可进行远距离迁移，因此在各种环境介质和生物体中[147][148][149][150][151]均可检测到。近年来，研究发现人体血清中 OCPs 水平与人体健康的不良影响存在正相关的证据[30][66][152]。自 1970 年以来，许多国家对 OCPs 的生产和使用实行了管制。日本于 1971 年实施了一项控制 DDT 使用的法律[88]。瑞典 1975 年禁止生产和使用 DDT，1980 年禁止使用 HCB[87]。中国政府分别于 1980 年、1983 年、2004 年和 2014 年对 DDT、HCH、HCB 和硫丹的生产和使用实行了控制[14]。由于国际上的关注，九种有机氯农药（艾氏剂、氯丹、滴滴涕、狄氏剂、异狄氏剂、七氯、六氯代苯、灭蚁灵和毒杀芬）被列入 2004 年《斯德哥尔摩公约》规定必须控制的持久性有机污染物。六种 OCPs（十氯酮、α–六氯环己烷、β–六氯环己烷、林丹、五氯苯酚及其盐类和酯类、技术硫丹及相关异构体）于 2011 年被列入《斯德哥尔摩公约》。

OCPs 于 20 世纪 50—80 年代在中国被广泛生产和使用[153]。中国生产的 DDT 和 HCH 总量分别为 4.0×10^5 和 4.9×10^6 吨，分别占全球总产量的 33% 和 20%[154]。我国是一个传统的农业大国，从使用历史来看大量 OCPs 被用于防治疟疾、白蚁和害虫，尤其是我国经济较为落后、工业化程度较低的中西部民族地区。我国对人体血清中 OCPs 的研究主要集中在东南部的经济发达地区[67][73]，而对于欠发达的民族地区人体血清中 OCPs 水平的测定很少。并且我国对人体血清中 OCPs 的研究大多针对小区域（特别是发达城市）样本的分析，因此对我国血清中 OCPs 整体水平的总体趋势尚不清楚。因此，本研究选取吉林省伊通满族自治县、山东省潍坊市、湖南省怀化市、海南省陵水黎族自治县、四川省甘孜藏族自治州 5 个城市作为采样点进行研究。

第二节 材料与方法

一、药品和试剂

艾氏剂、正式 – 氯丹、反式 – 氯丹、DDD、o，p′–DDD、p，p′–DDE、o，p′–DDE、p，p′–DDT、o，p′–DDT、硫丹 I、硫丹 II、异狄氏剂、七氯、环氧化七氯 A、环氧化七氯 B、HCB、α –HCH、β –HCH、γ –HCH、δ –HCH、甲氧滴滴涕、异艾氏剂、氧化氯丹、灭蚁灵，以上 24 种试剂标准溶液均购置于美国 AccuStandard 公司。内标试剂：$^{13}C_{12}$ 标记的 p，p′–DDE、$^{13}C_{10}$ 标记的狄氏剂、$^{13}C_6$ 标记的 HCB、$^{13}C_6$ 标记的 β –HCH、$^{13}C_6$ 标记的 γ –HCH、

$^{13}C_{10}$ 标记的灭蚁灵、$^{13}C_{10}-$ 标记的反式九氯均购置于美国的剑桥同位素实验室。在实验中使用的所有有机溶剂均属农药分析级。

二、采样和前处理

2014 年 4—10 月，共从伊通、潍坊、甘孜、怀化、陵水 5 个城市医院采集 1923 份人体血清样本，其中男性 1005 人，女性 918 人（见表 4-1）。在捐赠者和医院知情同意的情况下，从常规病理检查中剩余的血清样本中抽取样本。以样本的年龄（≥ 60、50—59、40—49、30—39、20—29 岁）和性别为依据，将每个城市的样本分为 10 组。从每一个单体样本中取 0.5mL 血清进行混合，再从混合均匀的样本中取 3mL 血清作为该年龄段该性别的混合样本。5 个城市共计 50 份混合样本，见表 4-1。

混合样本的预处理按照以前研究人员的相关方法进行[90]。在每个混合样本中加入被 $^{13}C_{12}$ 标记的 p，p′-DDE、$^{13}C_{10}$ 标记的狄氏剂、$^{13}C_6$ 标记的 HCB、$^{13}C_6$ 标记的 β –HCH、$^{13}C_6$ 标记的 γ –HCH、$^{13}C_{10}$ 标记的灭蚁灵、$^{13}C_{10}-$ 标记的反式九氯内标混合物，然后加入 1mL 6mol/L HCl，振荡混匀后加入 6mL 异丙醇和 6mL 正己烷/甲基叔丁基醚（v/v=1∶1）萃取。完全混匀后，离心 5min（3000r/min），将有机相转入装有 4mL KCl 水溶液（1%，w/w）的玻璃试管中，血清样本再用 3mL 正己院/甲基叔丁基酸（v/v=1∶1）萃取 2 次，并将有机相合并到上述装有 4mL KCl 水溶液的玻璃试管中。再次离心，将有机相转入事先称好的恒重试管中。水溶液用 4mL 正己烷/甲基叔丁基醚（v/v=1∶1）萃取 2 次，萃取液并入恒重试管。将溶剂吹干，利用质量分析法测定血清中脂肪的含量。每个样本称重 5 次，平均重量只有在连续质量差小于 0.0005g 时才能记录下来。在称重后的恒重试管中加入 4mL 正己烷、2mL KOH（0.5mol/L，溶于乙醇∶水 =1∶1，v/v），振荡混匀，3000r/min 离心 5min，将有机相转入玻璃试管，下层水相再用 3mL 正己烷萃取 2 次。将萃取液氮吹至 1mL 左右，过装有 26g SX-3 的 GPC 柱（300mm×25mm）去脂，洗脱液用高纯氮气吹至 1mL 左右再过酸性硅胶柱（自上往下为 1.5g 无水 Na_2SO_4、0.5g 酸性硅胶、0.1g 中性硅胶和石英棉），硅胶柱用 5mL 正己烷活化，12mL 正己烷：二氯甲烷（1∶1，v∶v）洗脱，最后将洗脱液氮吹到大约 80μL 后转移至进样瓶中，定容备用。

表4-1　我国5个城市人体血清采样信息

年龄（岁）		怀化	伊通	甘孜	陵水	潍坊	5个城市
≥60	男性/女性（采样个数）	40/40	40/40	10/10	40/40	38/40	168/170
	年龄 中间值	68	67	65	70	69	
	年龄 平均值	69	69	66	71	70	
	年龄 标准偏差	7	8	6	9	8	
	年龄 最大值	60	60	60	60	60	
	年龄 最小值	85	88	77	94	92	
50—59	男性/女性（采样个数）	61/59	36/49	10/10	59/51	34/20	200/189
	年龄 中间值	54	54	56	54	52	
	年龄 平均值	54	54	55	54	53	
	年龄 标准偏差	3	3	3	3	3	
	年龄 最大值	50	50	50	50	50	
	年龄 最小值	59	59	59	59	59	
40—49	男性/女性（采样个数）	78/71	37/30	10/10	54/48	80/66	259/225
	年龄 中间值	45	46	44.5	44	44	
	年龄 平均值	44	45	45	44	44	
	年龄 标准偏差	3	3	3	3	3	
	年龄 最大值	40	40	40	40	40	
	年龄 最小值	49	49	49	49	49	
30—39	男性/女性（采样个数）	48/33	19/22	10/10	65/60	80/58	222/183
	年龄 中间值	35	36	35	33	35	
	年龄 平均值	34	35	35	34	35	
	年龄 标准偏差	3	3	2	3	3	
	年龄 最大值	30	30	30	30	30	
	年龄 最小值	39	39	39	39	39	
20—29	男性/女性（采样个数）	37/34	7/6	10/10	49/80	53/21	156/151
	年龄 中间值	26	26	24	25	27	
	年龄 平均值	26	25	24	25	26	
	年龄 标准偏差	3	2	3	3	2	
	年龄 最大值	20	22	20	20	20	
	年龄 最小值	29	28	29	29	29	

三、仪器分析

采用 1310–TSQ8000Evo 气相色谱—三重四极杆质谱仪（USA，Thermo Fisher Scientific）进行分析检测。选用 TG–5HT 气相色谱柱（长 30m，内径 0.25mm，膜厚 0.10μm；USA，Thermo Fisher Scientific）对 OCPs 进行分离。

串联质谱仪采用电子碰撞电离模式和选择性反应监测模式，离子源温度和质谱传输线温度均为 250℃。采用高纯氦气为载气，设置流速为 1.0mL/min，反应气为高纯甲烷。进样口温度为 250℃。从 80℃开始程序升温 3min，6℃/min 上升到 260℃，保持 7min。初始温度 80℃保持 3min，然后以 6℃/min 上升到 260℃然后保持 7min。监测到的每种分析物的 m/z 比率如表 4–2 所示。

表4-2　24种OCPs同族体仪器检测相关信息

同族体	C_{12}（m/z）	C_{13}（m/z）	保留时间（min）	检出率（%）	定量限（pg）
HCB	283.8/248.8	289.8/254.9	20.54	100	0.003
α-HCH	180.9/145.0	418.9/310.0	20.28	100	0.074
β-HCH	180.9/145.0	187.0/151.0	21.24	100	0.097
γ-HCH	180.9/145.0	187.0/151.0	21.44	100	0.089
δ-HCH	180.9/145.0	418.9/310.0	22.27	ND	0.130
七氯	271.8/236.8	418.9/310.0	23.87	ND	0.181
艾氏剂	262.9/192.9	418.9/310.0	25.00	ND	0.314
异艾氏剂	192.9/123.9	418.9/310.0	25.94	ND	0.302
氧化氯丹	115.0/51.0	120.0/55.1	26.34	ND	0.249
环氧化七氯 B	352.8/262.9	362.9/269.9	26.32	ND	0.011
环氧化七氯 A	182.9/154.9	418.9/310.0	26.45	ND	5.000
反式氯丹	372.8/266.0	418.9/310.0	27.06	100	0.053
o, p'-DDE	246.0/176.1	418.9/310.0	27.25	ND	0.031
硫丹 II	242.9/208.0	418.9/310.0	27.45	100	1.000

同族体	$C_{12}(m/z)$	$C_{13}(m/z)$	保留时间 （min）	检出率 （%）	定量限 （pg）
正式氯丹	372.8/266.0	418.9/310.0	27.55	100	0.061
p，p'-DDE	246.0/176.1	258.0/188.1	27.60	100	0.072
o，p'-DDD	235.0/165.0	418.9/310.0	26.84	ND	0.233
异狄氏剂	262.8/192.9	418.9/310.0	28.94	ND	3.000
硫丹 I	195.0/159.0	418.9/310.0	29.22	100	1.229
o，p'-DDT	235.0/165.1	247.0/177.1	28.01	100	0.650
p，p'-DDD	235.0/165.1	247.0/177.1	26.61	100	0.155
p，p'-DDT	235.0/165.1	247.0/177.1	30.65	100	0.691
甲氧DDT	227.1/115.0	418.9/310.0	32.40	100	2.273
灭蚁灵	271.8/236.9	276.8/241.9	33.61	ND	0.103

ND: 未检测到

四、质量控制与保证

用同位素稀释法对 ^{13}C 标记的目标化合物进行定量，并采用内标法对其他目标化合物进行定量。校正曲线的相关系数均大于0.9949。定量限定义为信号噪声比的10倍。人体血清中有机氯农药（OCPs）的定量限为0.003—2.273pg。在方法空白样品中未检出任何目标化合物。OCPs加标回收率为81%—130%。

五、统计分析

采用SPSS 19.0（USA，IBM）进行数据统计与分析。采用独立样本 t 检验进行比较，统计显著性水平（双尾）设为 p=0.05。

第三节　研究结果与讨论

一、我国 5 个城市人群人体血清中 OCPs 水平

本研究分析了每个混合样本中的 24 个 OCPs（见表 4-2），但发现只有 13 个 OCPs 超出了定量限，这 13 种 OCPs 在样品中的水平见表 4-3。所有样品的 $\Sigma_{13}OCPs$ 算术平均水平为 767ng/g 脂重，不同城市样品 $\Sigma_{13}OCPs$ 平均水平范围为 500~975ng/g 脂重，其中最高值出现在中部民族地区城市怀化，见图 4-1。Σ_3OCPs（HCB、p，p'-DDE、p，p'-DDT）水平（592ng/g 脂重）高于以往研究文献中所报道的水平。Σ_3OCPs 平均水平约为韩国人体血清中 Σ_3OCPs 水平（308ng/g 脂重）的 1.9 倍[155]，是日本人体血清水平（221ng/g 脂重，中位数）的 2.7 倍[75]，是巴基斯坦人体血清中水平（160ng/g 脂重）的 3.7 倍[156]。从产量和使用情况来看，过去中国大量生产和使用 OCPs，这可能是导致我国人体血清中的 OCPs 水平高于其他国家的主要原因。截至 2004 年底，中国已经生产了 11 万吨被列入《斯德哥尔摩公约》附件 A 的 OCPs。其中约 3 万吨用于防治农业害虫、白蚁和疾病控制；约 8 万吨六氯苯（HCB）作为生产五氯苯酚和五氯酚钠的原料[14]。本研究结果与以往其他研究的结果一致[31][69][157]：女性人体血清中 $\Sigma_{13}OCPs$ 算术平均值水平（792ng/g 脂重）高于男性（753ng/g 脂重）。但性别之间无统计学意义上的显著性差异（$p=0.738$）。

在 13 种 OCPs 中，人体血清中含量水平最高的前 4 位为 p，p'-DDE、HCB、β-HCH 和硫丹 I，它们分别占总含量水平的 46%、28%、14% 和

5.2%。基于此原因，下面将重点讨论这 4 种 OCPs 化合物。

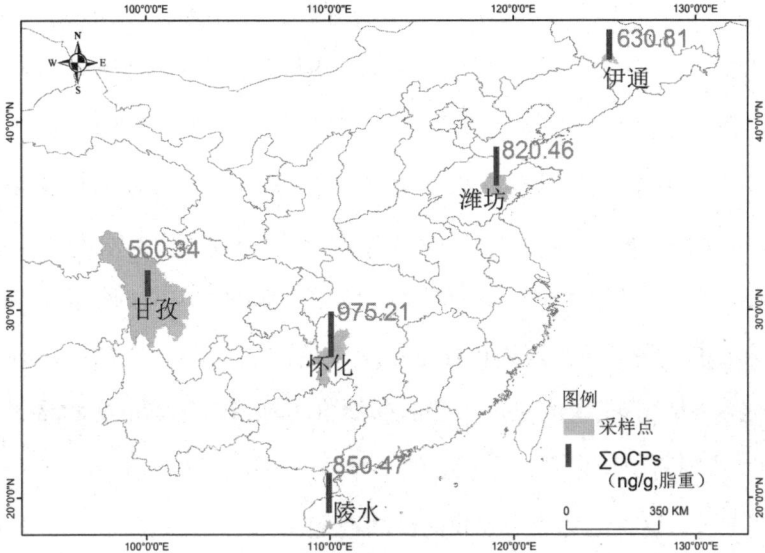

图 4-1　我国 5 个城市 13OCPs 算术平均值含量水平（ng/g，脂重）

从对比报道文献来看，除香港的一项研究外[158]，本研究中 p，p'-DDE 的算术平均水平高于以往的大多数研究（见表 4-4）。p，p'-DDE/p，p'-DDT 比值被普遍用作 p，p'-DDT 历史积累的指标。p，p'-DDE/p，p'-DDT 比值小于 10 表明 p，p'-DDE 主要来自近期 DDT 的接触，而大于 10 则表示 p，p'-DDE 来自过去与 DDE 的接触[67][159]。甘孜、怀化、潍坊、陵水和伊通人体血清中样品的 p，p'-DDE/p，p'-DDT 比值分别为 31.60、30.11、17.90、10.99 和 9.82。从 p，p'-DDE/p，p'-DDT 比值可以看出，位于中西部民族地区的怀化（31.60）和甘孜（30.11）比值较大，因而可以推断这两个城市历史上 DDE 使用较多。DDTs 曾在我国大量用于农业，20 世纪 80 年代我国停止在农业上使用滴滴涕[14]，目前主要用作生产三氯杀螨醇的中间体、船舶防污漆添加剂和用于疟疾防治。DDTs 由于防护期较长、防污效果好、价格低廉，在我国部分地区一直被用于船舶的维护，目前尚未有同时满足高效、廉价和环境友好要求的成熟防污漆替代品或技术[14]。从地理位置来看，陵水是我国的海滨城市，伊通位于我国工业基地。从 p，p′-DDE/p，p′-DDT 比值来看，这两个城市的值都在 10 附近，这说明 p，p′-DDE 主要来自近期 DDT 的接触，DDT 的主要来源可能已经从农业转向了工业。

与在世界其他地区研究报道的水平相比，本研究中 HCB 的水平相对较高（表 4-4），并且民族地区城市水平要高于非民族地区城市。伊通（276ng/g 脂重）、怀化（222ng/g 脂重）、甘孜（214ng/g 脂重）、陵水（190ng/g 脂重）和潍坊（178ng/g 脂重）人体血清中 HCB 的算术平均水平大约是日本、瑞典和美国人体血清中水平的 10 倍[160][161][162]。本研究中 HCB 的水平高于我国的濠江（33ng/g 脂重）和贵屿（44ng/g 脂重）的水平[67]。从国内比较来看，在过去的十年中，我国人体血清中 HCB 的水平一直在上升，这种趋势应引起我们的高度重视。

我国从 1958 年开始使用 HCH 生产林丹和 HCB[14]。在 HCH 异构体中，β-HCH 是在环境中最难降解、最持久的。生物体中较高的 β-HCH 水平可能表明过去曾接触过 HCH 混合物[159]。与国外对比，我们发现本研究中 β-HCH 水平略高于一些发达国家（韩国、英国和美国）和发展中国家（巴基斯坦和斯洛伐克）的水平，但低于在香港报道的水平含量（表 4-4）。本研究中，我国 5 个城市人体血清中 β-HCH 水平（表 4-3）均高于广州人体血清中的水平（50.2ng/g 脂重）[76]，最大值出现在非民族地区城市潍坊。在本研究中，5 个城市人体血清中女性 β-HCH 水平（118ng/g 脂重）高于男性（91ng/g 脂重），但统计学上无显著差异（$p=0.662$）。

从文献检索来看，人体血清中硫丹的水平鲜有报道。5 个城市硫丹 I 算术平均值水平也体现出民族地区高于非民族地区，从高到低依次为：伊通为 56ng/g 脂重、甘孜为 56ng/g 脂重、怀化为 47ng/g 脂重、陵水为 29ng/g 脂重和潍坊为 14ng/g 脂重。本研究中，女性样品（45ng/g 脂重）中硫丹 I 的平均水平高于男性样品（40ng/g 脂重），但统计学上无显著差异（$p=0.722$）。

表 4-3　我国 5 个城市人体血清中有机氯农药水平（ng/g 脂重）

城市		HCB	α-HCH	β-HCH	γ-HCH	反式氯丹	正式氯丹	硫丹 II	硫丹 I	甲氧DDT	p, p'-DDE	o, p'-DDT	p, p'-DDD	p, p'-DDT
怀化	median	190.24	0.03	77.27	1.24	0.10	0.08	1.88	42.14	16.01	444.42	1.03	3.00	11.41
	mean	222.35	0.38	139.95	1.59	0.14	0.12	2.40	46.55	28.86	510.37	1.22	4.33	16.95
	SD	90.97	0.49	182.05	0.88	0.12	0.10	1.50	19.97	28.42	315.12	0.52	4.77	21.12
	min	136.16	0.01	22.91	0.69	0.04	0.03	0.95	12.78	6.15	182.24	0.69	1.26	5.23
	max	419.66	1.13	631.39	3.59	0.46	0.32	6.24	83.51	85.85	1246.65	2.35	17.25	76.15
伊通	median	241.87	1.18	87.43	1.62	0.17	0.12	2.43	47.89	15.18	129.38	0.98	2.16	7.97
	mean	276.47	1.31	100.83	1.68	0.17	0.16	3.14	56.11	26.53	142.59	2.64	4.65	14.51
	SD	86.70	0.47	70.30	0.68	0.10	0.14	1.73	37.04	41.02	61.09	4.08	8.26	14.30
	min	202.28	0.86	31.45	0.89	0.03	0.02	1.53	6.18	3.39	75.80	0.68	1.27	5.39
	max	459.15	2.24	273.27	2.95	0.35	0.51	7.41	145.35	140.72	286.46	13.93	28.12	47.84
甘孜	median	214.16	1.16	35.55	2.16	0.18	0.11	3.28	55.60	10.08	164.90	1.27	3.79	5.98
	mean	213.58	1.23	52.34	5.47	0.20	0.12	3.43	55.69	11.01	204.91	2.17	3.72	6.48
	SD	20.14	0.28	47.10	8.41	0.07	0.06	0.68	7.17	6.09	139.43	1.86	2.06	2.87
	min	172.92	0.91	7.56	0.89	0.12	0.03	2.65	45.39	3.09	66.44	1.05	0.99	2.98
	max	241.90	1.73	144.56	26.95	0.32	0.22	4.55	66.31	22.98	444.88	6.54	7.72	10.35

续表

城市		HCB	α-HCH	β-HCH	γ-HCH	反式氯丹	正式氯丹	硫丹 II	硫丹 I	甲氧 DDT	p, p'- DDE	o, p'- DDT	p, p'- DDD	p, p'- DDT
陵水	median	188.43	0.81	20.74	1.38	0.11	0.09	2.45	18.61	4.18	474.24	2.37	11.32	43.53
	mean	190.03	0.91	34.61	1.69	0.12	0.08	2.40	29.26	4.55	499.14	2.32	11.84	45.44
	SD	19.96	0.30	28.66	0.59	0.05	0.03	0.70	15.59	2.64	208.09	0.69	3.88	16.15
	min	157.92	0.65	9.17	1.24	0.07	0.02	1.32	16.34	1.12	272.09	1.05	4.59	19.22
	max	222.03	1.68	100.43	2.81	0.25	0.12	3.38	58.02	9.67	872.61	3.17	18.56	73.50
潍坊	median	175.39	1.20	128.44	2.35	0.18	0.12	1.97	13.21	4.98	388.60	2.28	7.27	22.84
	mean	178.37	1.24	168.52	2.38	0.18	0.14	1.92	13.71	5.23	416.38	2.37	6.76	23.27
	SD	21.96	0.15	123.33	0.36	0.03	0.05	1.03	2.37	2.88	121.80	0.59	2.80	7.47
	min	148.04	1.02	72.72	1.84	0.12	0.09	0.26	10.19	0.96	260.68	1.59	0.69	13.73
	max	227.28	1.46	479.64	3.21	0.23	0.26	4.06	17.84	9.87	622.60	3.54	9.38	37.92

注：median——中间值；mean——算术平均值；min——最小值；max——最大值；SD——标准偏差

表4-4　人体血清中p, p'- DDE、HCB和β- HCH水平（ng/g 脂重）

化合物	国家/地区（补充信息）	采样时间（年）	中间值	平均值*	标准偏差	范围	参考文献
p, p'- DDE	美国（几何平均值）	2003—2004	-	238	-	195—292	[160]
	韩国	2006	224	274	-	76.7—951	[155]
	中国（母亲，几何平均值）	2010	231.05	203.54	-	<LOD—3196.54	[163]
	中国（新生儿，几何平均值）	2010	148.52	116.14	-	<LOD—2509.02	[163]
	巴基斯坦（大学）	2011	105	115	70	30—275	[156]
	巴基斯坦（服装店）	2011	185	200	170	37—690	[156]
	巴基斯坦（电子商店）	2011	92	130	120	0—580	[156]
	中国香港（女性血浆）	2011	224	446	517	ND—2212	[158]
	中国香港（男性血浆）	2011	412	1252	1830	ND—8632	[158]
	中国（孕妇）	2010—2012	64	-	-	-	[158]
	格林兰（孕妇）	2010—2013	130	-	-	-	[164]
	中国	2014	318.34	354.68	228.64	67.56—1030.06	本研究
	日本	1999	22	23	16	1—85	[162]
	瑞典	2001	33	26	-	14—96	[165]
	英国	2003	11	-	-	<5—72	[166]
HCB	美国（几何平均值）	2003—2004	-	15	-	15—16	[160]
	中国（母亲，几何平均值）	2010	74.84	70.62	-	<LOD	[163]
	中国（新生儿，几何平均值）	2010	55.46	65.16	-	<LOD—989.38	[163]
	巴基斯坦（大学）	2011	0.1	0.3	0.2	<0.1—0.6	[156]

续表

化合物	国家/地区（补充信息）	采样时间（年）	中间值	平均值*	标准偏差	范围	参考文献
HCB	巴基斯坦（服装店）	2011	0.3	0.2	0.1	<0.1—0.5	[156]
	巴基斯坦（电子商店）	2011	<0.1	0.1	0.1	<0.1—0.5	[156]
	中国香港（女性血浆）	2011	1.78	1.87	1.41	ND—4.62	[158]
	中国香港（男性血浆）	2011	2.98	2.91	1.70	ND—7.75	[158]
	中国（孕妇）	2010—2012	42	-	-	-	[163]
	格林兰（孕妇）	2010—2013	24.5	-	-	-	[164]
	西班牙	2012—2014	-	73.31	92.54	-	[165]
	中国	2014	206.13	216.16	48.96	157.62—341.73	本研究
β-HCH	美国（几何平均值）	1999—2000	9.68	-	-	<LOD—10.9	[160]
	斯洛伐克（污染区域）	2001	48.6	62.3	-	<2.8—782	[97]
	斯洛伐克（背景区域）	2001	44.0	52.4	-	<6.0—508	[97]
	英国	2003	12	-	-	<0.68—80	[166]
	韩国	2006	49.0	58.8	-	16.6—134.0	[155]
	中国香港（女性血浆）	2011	221	243	130	46.1—436	[158]
	中国香港（男性血浆）	2011	346	360	157	105—886	[158]
	巴基斯坦（大学）	2011	1.6	2.2	2.8	0.2—12.5	[156]
	巴基斯坦（服装店）	2011	0.7	0.6	0.4	0.2—1.5	[156]
	巴基斯坦（电子商店）	2011	0.4	1.2	3	<0.1—17	[156]
	中国	2014	72.37	99.25	101.73	9.27—425.14	本研究

注：*——算术平均值；ND——未检测到；LOD——检出限

二、我国 5 个城市人群不同年龄段人体血清中 OCPs 水平趋势

我国在 20 世纪 70 年代便制定了限制 OCPs 生产和使用的相关政策。20 世纪 80 年代，我国停止大量生产 DDT 和 DDT 在农业上的使用。1983年，我国政府开始制定相关政策控制 HCH 的生产和使用。1983 年，我国政府同时也禁止 HCB 的生产和使用[14]。2014 年，我国出台了控制硫丹的相关措施。本研究发现 Σ_{13}OCPs 整体水平随年龄的降低而降低，表明人体血清中 OCPs 水平呈下降趋势，与其他研究人员对莱州湾地区的研究相吻合[69]。这种下降趋势的主要原因可能来自我国政府对 OCPs 的生产和使用的限制规定。Σ_{13}OCPs 在我国不同年龄段的下降速率分别为：3.08%/ 年（从 ≥ 60 岁年龄段到 50—59 岁年龄段）、2.18%/ 年（从 50—59 岁年龄段到 40—49 岁年龄段）、1.18%/ 年（从 40—49 岁年龄段到 30—39 岁年龄段）、0.07%/ 年（从 30—39 岁年龄段到 20—29 岁年龄段）。从计算分析中我们发现，Σ_{13}OCPs 的下降速率随年龄段降低而减少。Σ_{13}OCPs 含量水平下降速率的算术平均值为 1.78%/ 年。如按照这一速度，本研究 Σ_{13}OCPs 的水平将需要 36 年以上才能达到 2006 年韩国 395ng/g 脂重水平[155]。虽然我国 5 个城市人体血清样本中 Σ_{13}OCPs 的算术平均值随年龄的降低而降低，但在不同城市的变化趋势略有不同，如图 4-2 所示。

p, p′-DDE。如图 4-3 所示，p, p′-DDE 水平随年龄的降低呈现出下降的趋势，这与研究人员在法国、格陵兰和日本的研究结果一致[31][164][167]。在 ≥ 60 岁年龄段人群中，人体血清中 p, p′-DDE 算术平均水平是 20—29 岁年龄段水平的 2.5 倍。OCPs 持久性、脂溶性等物理化学特点意味着老年人群中 OCPs 的水平可能相对较高，而政府的政策进一步导致年轻人人体血清中 OCPs 水平要低于年长者。DDT 的 log Kow 值为 6.214—6.642，在人体中的半衰期为 4.2—5.6 年[168][169]。不同年龄群体接触 DDT 时间长短将

导致不同年龄组样本中 p，p'–DDE 水平的不同。DDT 在我国开始生产是在 60 多年前，当时≥60 岁的年长者开始接触这种物质，不久后 DDT 在中国被广泛使用；直到大约 30 多年前，DDT 的生产和使用逐渐被禁止，这些政策实施的时期正是 30—39 岁年龄段的人刚出生不长的时间。p，p'–DDE 在我国不同年龄段的下降速率分别为 2.37%/ 年（从≥60 岁年龄段到 50—

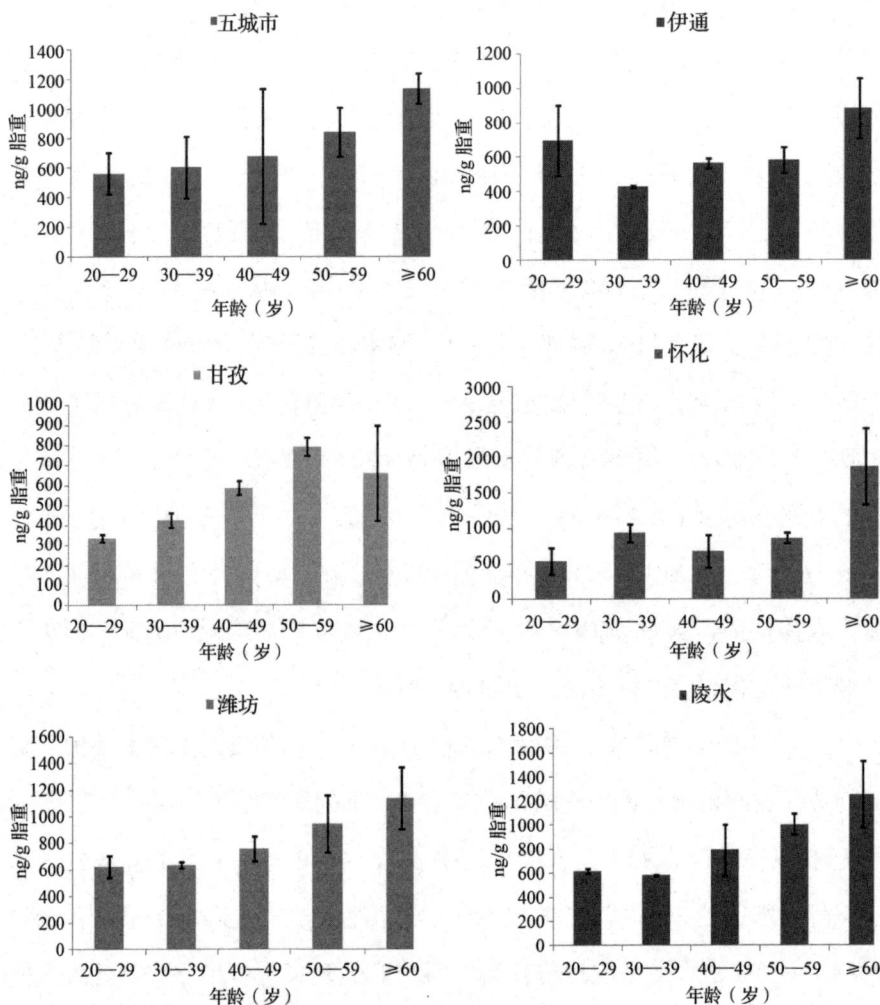

图 4-2　我国 5 个城市 5 个年龄段人体血清中 $\sum_{13}$OCPs 算术平均值含量水平
（柱状图为算术平均值，误差线为标准偏差）

59 岁年龄段）、3.22%/ 年（从 50—59 岁年龄段到 40—49 岁年龄段）、
2.63%/ 年（从 40—49 岁年龄段到 30—39 岁年龄段）、2.25%/ 年（从 30—
39 岁年龄段到 20—29 岁年龄段）。p，p′-DDE 在我国的平均下降速度为
2.62%/ 年，如果按照这一速度，本研究中 p，p′-DDE 需要 22 年以上才能
达到 2003—2004 年美国 238ng/g 脂重水平（几何平均值）[160]。

　　β-HCH。如图 4-3 所示，β-HCH 水平随年龄的降低呈现出下降的趋
势。β-HCH 水平下降速率的算术平均值为 4.63%/ 年，按此速度，本研究
中 β-HCH 需要超过 41 年才能达到 2003—2004 年美国 15ng/g 脂重水平（几
何平均值）[160]。

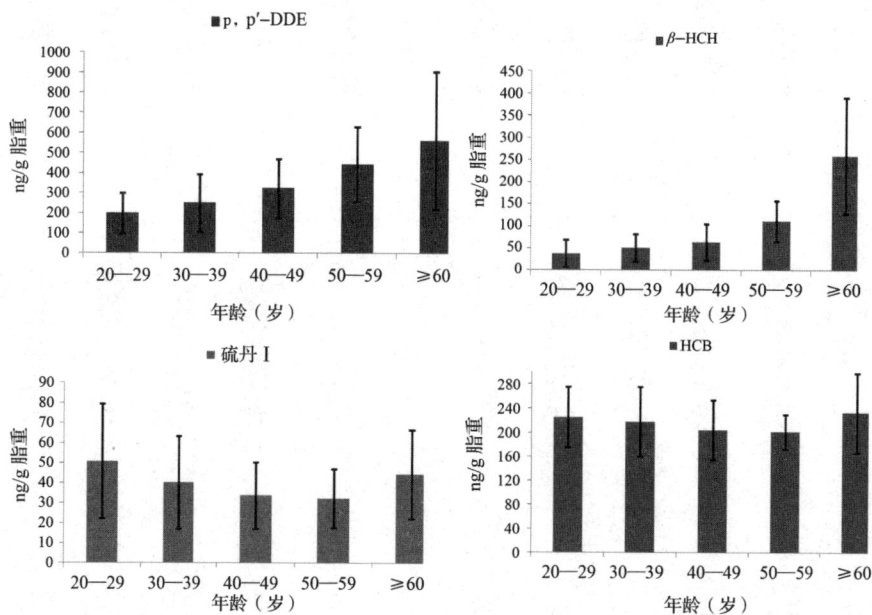

图 4-3　我国城市 5 个年龄段人体血清中 p，p′-DDE、β-HCH、HCB 和硫丹 I 整体算术
平均值含量水平（柱状图为算术平均值，误差线为标准偏差）

　　HCB。不同年龄段中 HCB 水平呈现出与 p，p′-DDE 和 β-HCH 不同
的趋势，如图 4-4 所示。HCB 在 50—59 年龄段中的水平（201ng/g 脂重）
低于≥60 岁年龄段中的水平（232ng/g 脂重），但出人意料的是，HCB 水

平从 50—59 岁年龄段到 40—49 岁年龄段、40—49 到 30—39 岁年龄段和 30—39 到 20—29 岁年龄段样本中呈上升趋势。HCB 在 20—29 岁年龄段女性（214ng/g 脂重）和男性（221ng/g 脂重）样品中均有较高水平。如图 4-4 所示，除甘孜外，所有城市的 HCB 水平随着年龄的降低而增加。这一趋势在部分民族地区城市更为显著。在怀化样本中，30—39 岁年龄段 HCB 水平约为 40—49 岁年龄段的 2 倍。陵水 20—29 岁年龄段 HCB 比 30—39 岁

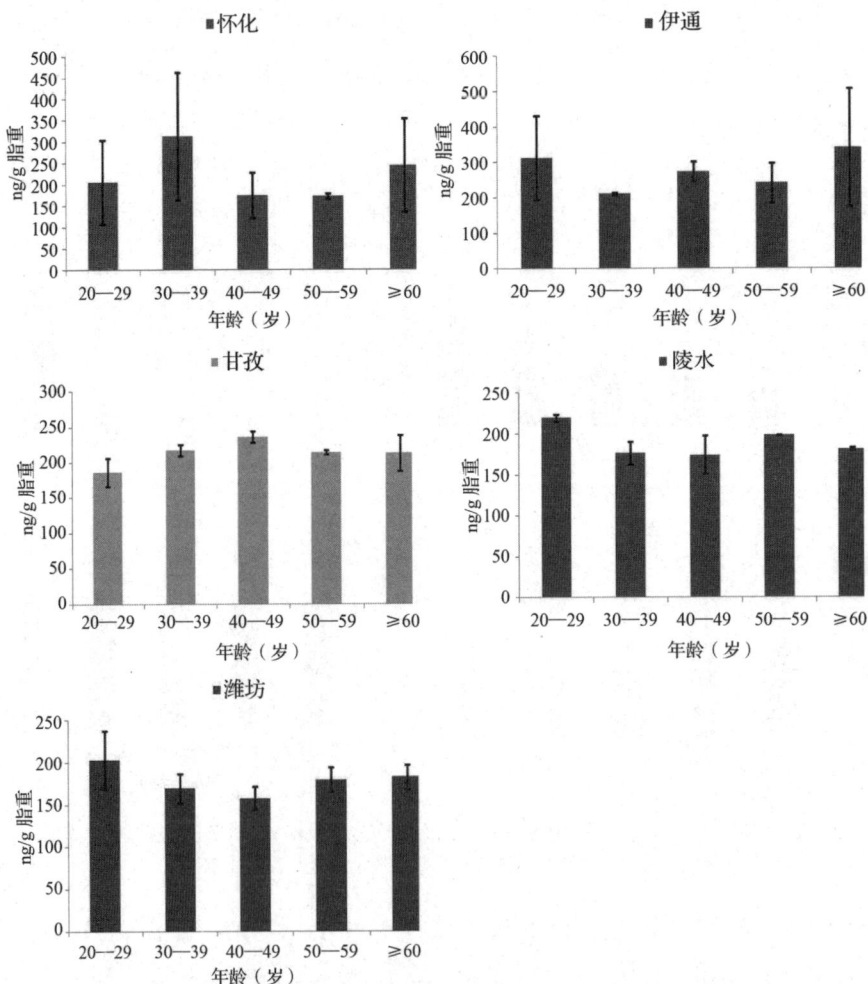

图 4-4　我国 5 个城市 5 个年龄段人体血清中 HCB 算术平均值含量水平
（柱状图为算术平均值，误差线为标准偏差）

年龄段水平高出 24.16%。从我国 HCB 的生产和使用来看，2000 年以后我国 HCB 生产量逐年下降，2004 年完全停止生产，到 2008 年禁止 HCB 的生产和使用[14]。因此，本研究中出现年轻人人体血清中 HCB 水平高于年长者，这值得研究人员的关注并应找出产生这种现象的原因。

硫丹 I 和 HCB 类似，如图 4-5 所示，年轻人样本中硫丹 I 水平高于年长者。从 5 个城市整体来看，硫丹 I 水平最高值出现在 20—29 岁年龄段

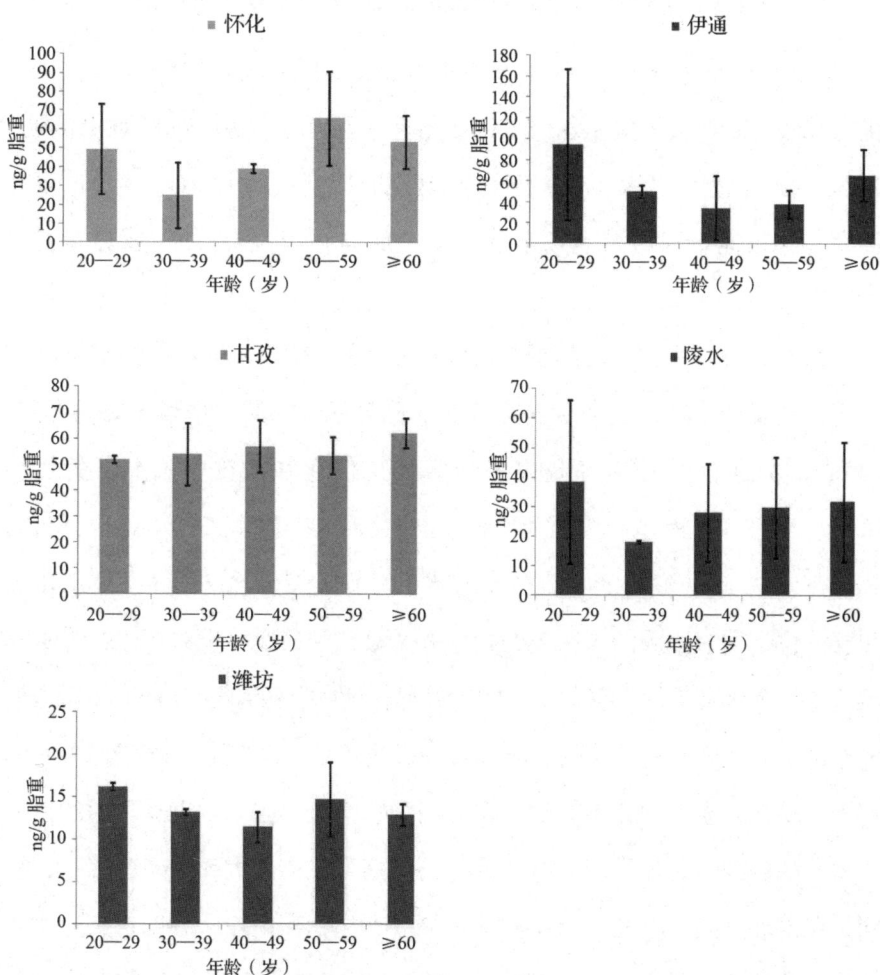

图 4-5 我国 5 个城市 5 个年龄段人体血清中硫丹 I 算术平均值含量水平
（柱状图为算术平均值，误差线为标准偏差）

（51ng/g 脂重）；硫丹 I 水平在年轻男性和女性中均高于年长者。从 5 个城市分别来看，除甘孜以外的所有城市，年轻人人体血清中硫丹 I 水平均高于年长者，如图 4-5 所示。潍坊 20—29 岁年龄段硫丹 I 水平比 30—39 岁年龄段高出 22.72%。本研究中发现年轻人血清中高水平的硫丹 I 值得研究人员的进一步关注。

三、我国 5 个城市人群人体血清中 OCPs 水平分布差异

5 个城市样品中 $\Sigma_{13}OCPs$ 的平均水平从高到低依次为 975ng/g 脂重（怀化）、850ng/g 脂重（陵水）、820ng/g 脂重（潍坊）、630ng/g 脂重（伊通）和 560ng/g 脂重（甘孜）。位于民族地区的怀化样品中 $\Sigma_{13}OCPs$ 含量水平最高，这可能是因为湖南省是我国杀虫剂类 POPs 废物的主要分布省份之一[14]。

在 5 个城市中，不同类型的 OCPs 对 $\Sigma_{13}OCPs$ 总含量水平的贡献略有不同。位于民族地区的怀化、陵水和非民族地区的潍坊中最主要的 OCPs 为 p，p'-DDE，但 HCB 却是民族地区城市伊通和甘孜中占主要的优势 OCPs，如图 4-6 所示。按图 4-6 OCPs 组成对 5 个城市进行主成分分析，获得图 4-7，5 个城市的主成分得分系数矩阵见表 4-5。图 4-7 显示伊通和甘孜位于同一象限同属一类，其他 3 个城市则另属一类。怀化、陵水和潍坊这 3 个城市年均气温大于 12.3℃，而伊通和甘孜却小于 10℃。伊通的低温源于高纬度，而甘孜的低温来自高海拔（平均海拔为 3500 米）。OCPs 在不同城市人血清中有不同的分布，因为它们在不同的城市有不同的使用类型。疟疾曾经是在我国流行的一种传染病，在南方大部分地区流行，特别是在温暖地区。历史上，我国通过在住宅内喷洒 DDT 来预防疟疾，主要使用在长江以南地区[14]。小麦和青稞是适应寒冷天气的特殊粮食作物，伊通是小麦的产区，而青稞则是甘孜的主要粮食作物[170]。HCB 是一种良

好的拌种剂用于处理小麦和青稞等禾本科植物的种子[171]。HCB 的农业用途可能是民族地区城市伊通和甘孜样品中含量水平较高的原因。

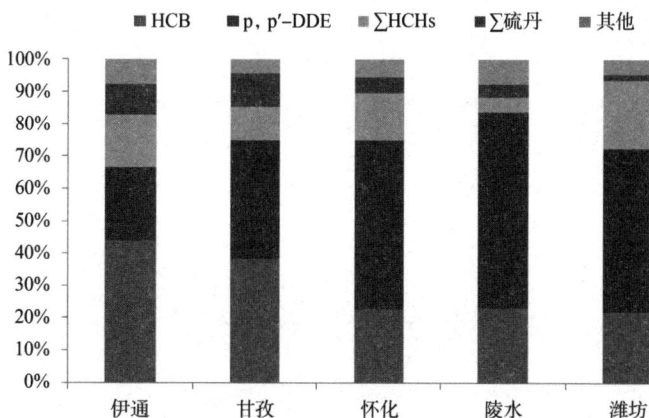

图 4-6　不同类型有机氯农药（∑HCHs=α-、β- 和 γ-HCH，∑硫丹 = 硫丹Ⅰ和Ⅱ）和其他（顺式和反式氯丹，甲氧基 -DDT，o，p′-DDT，p，p′-DDT 和 p，p′-DDE）在我国 5 个城市人体血清中∑₁₃OCPs 的占比

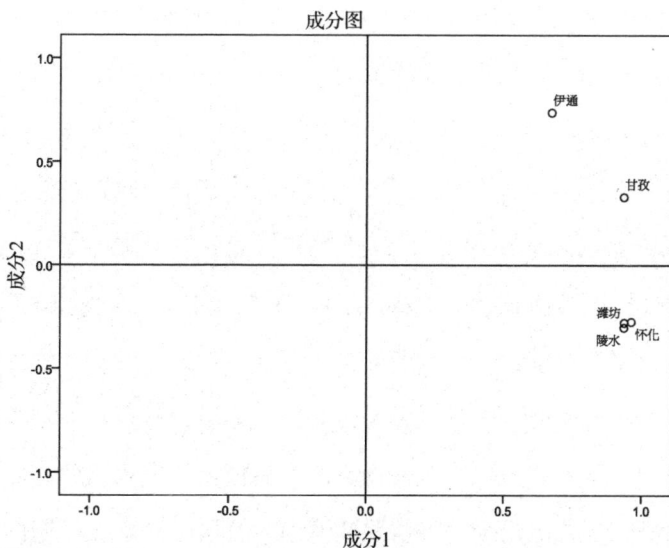

图 4-7　5 个城市按图 4-6 OCPs 组成进行主成分分析

表4-5　主成分得分系数矩阵

	成分	
	1	2
伊通	0.168	0.826
甘孜	0.234	0.370
怀化	0.241	-0.305
陵水	0.234	-0.337
潍坊	0.234	-0.310

第四节　小　结

从国际比较来看，无论是位于我国民族地区的怀化、伊通、陵水、甘孜，还是非民族地区的潍坊，其城市居民人体血清中均含有较高水平的OCPs。总体来看，年轻人群中Σ_{13}OCPs水平低于年长者，OCPs的年降低率为1.78%。年长者水平较高的原因，一是OCPs的物理化学特性，二是我国政府对OCPs类物质实施的限制生产、使用的相关政策。中西部民族地区的怀化和甘孜p，p'-DDE/p，p'-DDT比值较大，原因可能来源于这两个城市历史上较多地使用DDE；陵水和伊通p，p'-DDE/p，p'-DDT比值都在10附近，这说明这两个城市p，p'-DDE主要来自近期DDT的接触，DDT的主要来源可能已经从农业转向了工业。HCB和硫丹I均体现出民族地区城市人群人体血清中水平要高于非民族地区，并且在年轻人群中的水平高于来自老年人的样本。这种现象的发生值得研究人员的注意，需要进行更多的研究来找出出现这种情况的原因。我国不同地区不同的气候条件决定了OCPs可能的使用类型，因此生活在不同地区的人们会接触到不同的OCPs混合物，因而他们的血清中OCPs组成成分将会有所不同。统计学分析显示，年均气温较低的伊通和甘孜同属一类，年均气温较高的怀化、潍坊和陵水则另属一类。HCB 是我国温度较低城市人体血清中 OCPs 的主要组分，而 p，p′–DDE 则是温暖城市的优势 OCPs。

第五章　我国城市经济发展与人体血清中持久性有机卤族污染物水平关系分析

第一节　我国区域经济概况

改革开放 40 多年来，党中央、国务院根据不同时期国内外经济形势的变化，对我国不同区域采取了差异化发展的政策安排，站在改革开放初期"风口"的东部地区（非民族地区），先于其他地区获得国家政策的倾斜，利用自身特殊的区位优势和地理位置率先取得发展优势，其工业化程度明显高于其他区域。本研究所指的区域经济不是我国传统意义上的经济板块，而是民族地区和非民族地区经济。由于目前我国的统计制度尚未针对民族地区进行数据采集，因而统计数据仍以东中西部地区为主。由于我国少数民族人口多集中于中西部地区[11]，故用中西部地区数据代替民族地区数据，非民族地区数据用东部地区数据代替。目前在我国经济增速换挡、结构优化、动力转换的背景下，东部地区（非民族地区）正在进行经济提质增效，并积极向中西部地区（民族地区）进行产业转移。由于中西部地区（民族地区）特殊的地理位置和生态环境，经济发展程度与东部地区（非民族地区）相比具有一定的差距[172]。2017 年，东部地区生产总值为 473623.1 亿元，约为西部地区的 4.1 倍（西部地区生产总值为 14955.6 亿元）、中部地区的 2.6 倍（中部地区生产总值为 1179412.4 亿元）。

产业类型和发展模式与经济发展程度相匹配。按照一般的经济发展规律，经济较为发达的地区其工业化的程度一般较高，工业在该地区的经济增长中贡献较大。而经济欠发达地区一般依靠原材料来支撑整个区域的经济运行，对我国来说，很多经济欠发达地区在过去很长的一段时期内经济发展大多是以农业为主。单德朋和郑长德[173]利用空间 EG 指数识别民族地区不同行业部门集聚力和分散力的横向差异和动态变化，结果表明民族地区均将本地自然资源作为产业发展的重要支点，仍然处在以资源换发展的阶段。本世纪以来，由于要素、资源环境等约束，使得率先在东部地区（非民族地区）聚集发展的产业不断向中西部地区（民族地区）梯度转移。叶琪[174]通过计算 2006—2011 年我国东中西部地区产业转移量的变化发现：东部地区产业转移量为负数（非民族地区），中西部地区（民族地区）产业转移量为正数，并且转移量数据逐年增多。这表明东部地区（非民族地区）为产业转移的转出地区，中西部地区（民族地区）为产业转移的承接区。贺曲夫和刘友金[2]通过对 2000—2010 东中西部地区相关统计数据分析发现，也得出东部地区（非民族地区）向中西部地区（民族地区）转移的产业数量和规模都在不断扩大的结论，并且指出转移产业以劳动密集型和资源密集型为主。

为促进主导产业的快速发展，不同的化学品应运而生。为保证工业的大规模生产，发电、变压设备被大量使用，而具有良好绝缘、润滑和热导作用的 PCBs 被广泛应用于电容器和变压器之中。我国作为一个传统农业大国，为减少农业病虫害，曾长期大量使用 OCPs。PCBs 和 OCPs 对人类的危害不言而喻，但运用经济学模型来研究经济发展与持久性有机卤族污染物水平之间的关系较为少见。本研究运用变系数空间计量模型——地理加权回归模型（GWR）实证考察不同城市经济指标与人体血清中持久性有机卤族污染物水平的关系，探寻经济发展对人体血清中持久性有机卤族污染物水平影响的空间差异。

第二节　模型与方法

工业发展过程中人体血清 PCBs 含量水平受经济发展水平、产业结构、城乡结构、能源消费等因素影响，农业发展过程中人体血清 OCPs 含量水平（HCB、DDTs）受经济发展水平、产业结构、化肥使用量等因素影响。本研究以人体血清 PCBs 含量水平作为因变量，选取人均地区生产总值、重轻工业比、城镇化率、人均水泥制造、人均电力生产总产值等 5 个因素作为自变量，构建工业发展过程中人体血清 PCBs 含量水平影响因素模型（1）；以人体血清 OCPs 含量水平（HCB、DDTs）作为因变量，选取人均地区生产总值、第一产业比重、人均粮食作物播种面积、人均粮食产量、人均化肥使用量、人均农业增加值、人均农药使用量等 7 个因素作为自变量，构建农业发展过程中人体血清 OCPs 含量水平（HCB、DDTs）影响因素模型（2）（3）如下：

$$\ln PCB_i = \ln a_i + \beta_1(\ln PGDP_i) + \beta_2(\ln LIR_i) + \beta_3(\ln UR_i)$$
$$+ \beta_4(\ln PCM_i) + \beta_5(\ln PEP_i) + \ln e_i$$
$$= \alpha + \beta_1(\ln PGDP_i) + \beta_2(\ln LIR_i) + \beta_3(\ln UR_i)$$
$$+ \beta_4(\ln PCM_i) + \beta_5(\ln PEP_i) + \varepsilon_i \qquad (1)$$

$$\ln HCB_i = \ln a_i + \beta_1(\ln PGDP_i) + \beta_2(\ln IS1_i) + \beta_3(\ln PFCP_i) + \beta_4(\ln PFP_i)$$
$$+ \beta_5(\ln PFU_i) + \beta_6(\ln PAVA_i) + \beta_7(\ln PPU_i) + \ln e_i$$
$$= \alpha + \beta_1(\ln PGDP_i) + \beta_2(\ln IS1_i) + \beta_3(\ln PFCP_i) + \beta_4(\ln PFP_i)$$
$$+ \beta_5(\ln PFU_i) + \beta_6(\ln PAVA_i) + \beta_7(\ln PPU_i) + \varepsilon_i \qquad （2）$$

$$\ln DDT_i = \ln a_i + \beta_1(\ln PGDP_i) + \beta_2(\ln IS1_i) + \beta_3(\ln PFCP_i) + \beta_4(\ln PFP_i)$$
$$+ \beta_5(\ln PFU_i) + \beta_6(\ln PAVA_i) + \beta_7(\ln PPU_i) + \ln e_i$$
$$= \alpha + \beta_1(\ln PGDP_i) + \beta_2(\ln IS1_i) + \beta_3(\ln PFCP_i) + \beta_4(\ln PFP_i)$$
$$+ \beta_5(\ln PFU_i) + \beta_6(\ln PAVA_i) + \beta_7(\ln PPU_i) + \varepsilon_i \qquad （3）$$

式中，i 表示区域，$PCBs$、HCB、$DDTs$ 为人体血清含量水平（ng/g 脂重）；$PGDP$、LIR、UR、PCM、PEP 分别为工业发展过程中影响人体血清 $PCBs$ 含量水平的人均地区生产总值、重轻工业比、城镇化率、人均水泥制造、人均电力生产总产值等因素，$PGDP$、$IS1$、$PFCP$、PFP、PFU、$PAVA$、PPU 分别为农业发展过程中影响人体血清 OCPs 含量水平（HCB、$DDTs$）的人均地区生产总值、第一产业比重、人均粮食作物播种面积、人均粮食产量、人均化肥使用量、人均农业增加值、人均农药使用量等因素，ε_i 是随机误差项。

对于全局回归模型：

$$y_i = \beta_0 + \sum_{i=1}^{p} \beta_k X_{ik} + \varepsilon_i \qquad （4）$$

通常假定区域之间的差异较小，具有同质性，模型参数一般采用传统的经典线性回归进行估计，未能捕捉区域之间的异质性。受经济发展阶段不同、产业结构不一、城镇化水平进程差异等多重因素叠加影响，各个区域的经济发展水平、产业结构比重、城镇化进程、人均水泥制造、人均电力生产总产值等因素对工业发展过程中人体血清 PCBs 含量水平的影响大小；人均地区生产总值、第一产业比重、人均粮食作物播种面积、人均粮食产量、人均化肥使用量、人均农业增加值、人均农药使用量等因素对人体血清 OCPs 含量水平（*HCB*、*DDTs*）的影响大小均存在空间上的差异性和相关性，Brunsdon[175][176]、Fotheringham[177][178][179]提出的地理加权回归（GWR）模型能有效刻画空间异质性，模型得出的结果与实际更为吻合。

GWR 模型相对全局回归模型主要做了两个方面的拓展：一是将周边相邻区域的地理空间信息嵌入模型进行局部估计；二是模型估计出来的参数能够捕捉区域之间的异质性，拓展后的模型如下。

$$y_i = \beta_0(u_i, v_i) + \sum_{i=1}^{p} \beta_k(u_i, v_i)x_{ik} + \varepsilon_i \qquad （5）$$

其中，(u_i, v_i)为第 i 个区域的地理位置信息，分别代表其经纬度，y_i 为在地理位置(u_i, v_i)处被解释变量 y 的实际观测值，$(x_{i1}, x_{i2}, \cdots\cdots, x_{ip})$为在地理位置$(u_i, v_i)$处的解释变量 $x_1, x_2, \cdots\cdots, x_p$的实际观测值（$i=1, 2, 3\cdots\cdots n$）。$\beta_k(u_i, v_i)$（$k=1, 2, 3, \cdots\cdots, p$）为第 i 个区域(u_i, v_i)解释变量前的未知估计参数，可以表达为(u_i, v_i)的任意函数，ε_i（$i=1,2,3\cdots\cdots n$）为随机误差项，服从 $N(0, \sigma^2)$，$Cov(\varepsilon_i, \varepsilon_j)=0$（$i \neq j$）。

由于 GWR 模型中的估计参数在区域之间均不完全相等，因此模型中需要估计的参数个数多达 $n \times (p+1)$，大大多于样本个数 n，采用传统的参数估计方法不可行。在对区域 i 进行参数估计时，根据周边相邻区域距离区域 i 的远近赋予不同程度大小的值，构建包含区域 i 与周边相邻区域相结合的全局回归模型，运用加权最小二乘法得到参数估计 $\hat{\beta}_{ik}$（$k=0,1,2\cdots\cdots p$）。通过使$\sum_{j=1}^{n} w_{ij}(y_i - \beta_{i0} - \sum_{i=1}^{p} \beta_{ik}x_{ik})^2$最小化来估计，其中，$w_{ij}$ 为区域 i 与其他区域 j 之间地理距离 d_{ij} 的单调递减函数，则区域 i 点上的 GWR 模型参数估计 $\hat{\beta}_i$ 为：$\hat{\beta}_i = (X'W_iX)^{-1}X'W_iy$。

通过对各个区域点分别进行回归，即可得到 GWR 模型的参数估计矩

阵 $\hat{\beta}$

$$\hat{\beta} = \begin{pmatrix} \hat{\beta}_{10} \cdots \hat{\beta}_{i0} \cdots \hat{\beta}_{n0} \\ \hat{\beta}_{11} \cdots \hat{\beta}_{i1} \cdots \hat{\beta}_{n1} \\ \hat{\beta}_{1p} \cdots \hat{\beta}_{ip} \cdots \hat{\beta}_{np} \end{pmatrix} \tag{6}$$

其中第一列表示区域 1 的回归参数估计值，第 n 列表示区域 n 的回归参数估计值，若每一行的回归参数差异较大，则可以表明存在空间异质性。

空间权重矩阵的构建是 GWR 模型的关键，本研究选取的空间权重矩阵 W 为 Fotheringham 等[176]提出的高斯权重函数，W 中的元素定义如下：

$$w_{ij} = \exp\left(\frac{-d_{ij}^2}{h^2}\right) \tag{7}$$

其中，h 为最优带宽，d_{ij} 为区域 i 与 j 之间的距离，最优带宽选择主要采用交叉验证（CV）和广义交叉验证（GCV）两种方法，CV 和 GCV 计算公式分别为：

$$CV = \frac{1}{n}\sum_{i=1}^{n}\left[y_i - \hat{y}_{\neq i}(h)\right]^2 \tag{8}$$

$$GVC = \frac{1}{n}\frac{\sum_{i=1}^{n}(y_i - \hat{y}_i(h))^2}{(1 - tr(S(h)/n))^2} = \frac{n\sum_{i=1}^{n}(y_i - \hat{y}_i(h))^2}{(n - tr(S(h)))^2} \tag{9}$$

本研究利用 CV 和 GCV 两种方法分别计算最优带宽 h，测算结果显示结果具有一致性。

第三节　变量选择和数据来源

研究空间差异目前用得最多的是地理加权回归（GWR）模型，满足模型需要的数据为截面数据，本研究数据来源于 2015 年各地统计年鉴中的数据，相关指标有的是直接利用统计数据，如人均地区生产总值、城镇化率、第一产业比重；有的是通过计算得到的，如重轻工业比、人均水泥制造、人均电力生产总产值、人均粮食作物播种面积、人均粮食产量、人均化肥使用量、人均农业增加值、人均农药使用量。

为探究工业发展对人体血清中 PCBs 含量水平的影响，本文采用人均地区生产总值、重轻工业比、城镇化率、人均水泥制造、人均电力生产总产值作为影响因素，见表 5-1。人均地区生产总值是衡量和评价一个地区的宏观经济运行状况的有效工具，是最重要的宏观经济指标之一。城镇化率是指一个地区城镇常住人口占该地区常住总人口的比例，是衡量一个地区社会经济发展水平的重要标志。从人均地区生产总值和城镇化率的定义来看，这两个指标均为宏观经济指标，是从整体上了解一地经济发展状况的重要指标。设置这两个指标的主要原因是想观察人体血清中 PCBs 含量水平与宏观经济发展的关系。重轻工业比是指重工业与轻工业之间的相互关系在数量上的表现，在客观上重工业为轻工业的发展提供机器设备、能源和一部分原材料。重轻工业比这一指标设置的主要原因为：有研究人员发现是在重工业热处理过程中造成的非故意制造 PCBs（unintentionally produced PCBs：UP-PCBs）。水泥制造和人均电力生产总产值这两个指标为具体的工业行业的指标，设置的主要原因为 PCBs 主要来源于工业。目前，我国的大部分城市尚未完成工业化，工业依然是支撑城市经济发展的主力军，PCBs 由于其特殊的物理化学性质，在近期的研究中发现工业仍是它的重要来源。

表5-1　2014年9个城市相关工业发展指标

城市	经度（E）	纬度（N）	PCBs 平均浓度 (ng/g 脂重)	人均地区生产总值（元）	重轻工业比重（%）	城镇化率（%）	人均水泥制造（吨）	人均电力生产总产值（元）
湖南省怀化市	109.95	27.52	10.2	24368	2.4	41.3	1.8	2240.9
吉林省伊通县	124.35	43.17	14.8	36900	1.5	44.5	1.5	1373.8
四川省甘孜州	99.96	31.64	5.9	18016	7.5	26.9	0.7	3237.2
海南省陵水县	110.02	18.48	14.5	33901	0.7	22.5	0.4	264.1
广东省汕头市	116.69	23.39	65.0[67]	31201	43.7	69.9	0.7	5602.7
天津市静海区	116.92	38.93	23.2*[102]	73565	4.0	48.2	2.3	1075789.0
浙江省台州市	121.43	28.68	40.6[101]	56731	1.9	59.5	0.6	4469.8
浙江省衢州市	118.87	28.93	20.7[101]	43615	2.2	49.0	7.2	1160.8
山东省潍坊市	119.12	36.72	10.9	51826	1.5	53.6	1.0	2553.7

注：表中数据来源为 2015 年 9 个城市的统计年鉴，人均地区生产总值、城镇化率直接利用统计数据；重轻工业比重、人均水泥制造、人均电力生产总产值通过计算得出。*——中间值

为探究农业发展对人体血清中 DDTs 和 HCB 含量水平的影响，本研究采用人均地区生产总值、第一产业比重、人均粮食作物播种面积、人均粮食产量、人均化肥使用量、人均农业增加值、人均农药使用量作为影响因素，见表 5-2。第一产业主要指生产食材以及其他一些生物材料的产业，一般来看，低收入地区的第一产业在地区生产总值中所占的比重较大。人均粮食作物播种面积、人均粮食产量、人均农业增加值是反映农业生产、收益的重要指标。为突出农业经济指标的影响，故选取第一产业比重、人均粮食作物播种面积、人均粮食产量、人均农业增加值等 4 项指标。由于 DDTs 和 HCB 这两类物质过去主要用于农业杀虫剂和除草剂，故选择人均化肥使用量和人均农药使用量这两项指标作为影响因素，探究它们与人体血清中 OCPs 含量水平之间的关系。

表5-2　2014年9个城市相关农业发展指标

地区	经度（E）	纬度（N）	HCB平均浓度（ng/g脂重）	DDTs平均浓度（ng/g脂重）	人均地区生产总值（元）	第一产业比重（%）	人均粮食作物播种面积（公顷/人）	人均粮食产量（吨/人）	人均化肥使用量（吨/人）	人均农业增加值（万元/人）	人均农药使用量（吨/人）
湖南省怀化市	109.95	27.52	222.5	532.9	24368	14.5	6.7	0.4	0.02	0.20	0.0014
吉林省伊通县	124.35	43.17	276.5	164.4	36900	23.3	26.5	2.3	0.22	0.92	0.0029
四川省甘孜州	99.96	31.64	213.6	217.3	18016	24.9	6.2	0.2	0.002	0.45	0.0004
海南省陵水县	110.02	18.48	190.0	558.7	33901	35.5	5.9	0.3	0.19	0.50	0.0059
广东省汕头市	116.69	23.39	51.0[67]	650.0[67]	31201	5.4	1.3	0.1	0.01	0.17	0.0006
上海市#	121.47	31.23	64.0[180]	7600.0[180]	97370	0.5	0.7	0.1	0.004	0.05	0.0002
辽宁省大连市*	121.62	38.92	81.0[149]	2100.0[149]	109939	5.8	4.6	0.2	0.03	0.36	0.0020
辽宁省沈阳市*	123.43	41.80	56.0[149]	870.0[149]	85816	4.6	5.9	0.4	0.08	0.17	0.0005
山东省潍坊市	119.12	36.72	178.4	448.8	51826	9.8	7.9	0.5	0.06	0.49	0.0016

注：表中数据来源为2015年9个城市的统计年鉴、人均地区生产总值、第一产业比重直接利用统计数据；人均粮食作物播种面积、人均粮食产量、人均化肥使用量、人均农业增加值和人均农药使用量通过计算得出。*——人乳样本；#——人体组织

第四节　地理加权回归模型（GWR）实证分析

本研究重点探讨主要应用于工业的 PCBs 和作为农业杀虫和除草剂的 DDTs、HCB 与不同经济因素之间的关系。在工业发展和人体血清中 PCBs 水平关系的分析中，选取本书研究的民族地区 4 个市县（湖南省怀化市、吉林省伊通满族自治县、四川省甘孜藏族自治州、海南省陵水黎族自治县）和 5 个非民族地区市县（山东省潍坊市、广东省汕头市、天津市静海县、浙江省台州市、浙江省衢州市）共 9 个市县作为案例进行实证分析。在农业发展和人体血清中 HCB、DDTs 水平关系的分析中，将 4 个民族地区市县（湖南省怀化市、吉林省伊通满族自治县、四川省甘孜藏族自治州、海南省陵水黎族自治县）和 5 个非民族地区城市（山东省潍坊市、广东省汕头市、上海市、辽宁省大连市、辽宁省沈阳市）共 9 个市县作为分析对象。

一、工业发展与人体血清中 PCBs 水平关系分析

通过地理加权回归分析，本研究发现 4 个民族地区和 5 个非民族地区市县对五个影响因素的一致性响应良好。总体来看，人均地区生产总值、重轻工业比重、城镇化率等因素对人体血清中 PCBs 水平的提高有正影响，而人均水泥制造和人均电力生产总产值对人体血清中 PCBs 水平有负影响，见表 5-3。

人均地区生产总值是反映一个城市经济发展水平的重要标志。我国大多数城市目前尚未完成工业化，多数城市均处在工业化的不同阶段，城市

经济的支柱产业仍以工业为主。9个市县人均地区生产总值与人体血清中
PCBs 水平均呈现正相关关系值得我们注意。民族地区 4 市县该项指标的
均值（1.7576）大于非民族地区 5 市县的均值（1.7567）。9 个市县中正向
影响强度最高的前两位分别为民族地区的海南省陵水黎族自治县（1.7583）
和四川省甘孜藏族自治州（1.7581）。正向影响强度的高低表示 PCBs 与人
均地区生产总值关联的强弱。民族地区市县人体血清中 PCBs 水平受人均
地区生产总值的影响较大。有研究表明，在产业转移的背景下，西部各省
承接的主要行业是资源密集型行业以及化工"金属冶炼"电气机械等行
业[3]，并且伴随着一定程度的资源消耗转移和环境污染转移[4]。从产业转
移的结果看，中西部地区（民族地区）省份污染产业的承接规模上升[5]。
本研究通过分析我国不同年龄段人体血清中 PCBs 组成分布发现：我国还
存在 PCBs 新的排放源，这与其他研究人员的结论相一致[90]。因此，本研
究认为民族地区市县人体血清中 PCBs 水平受人均地区生产总值的影响较
大，主要原因为转移产业是该地区 PCBs 的主要来源。

重轻工业比重与人体血清中 PCBs 水平的正相关关系，进一步从模
型验证了工业是目前我国 PCBs 的来源。民族地区 4 市县该项指标的均值
（0.5488）小于非民族地区 5 市县的均值（0.5491），这表明：虽然东部地
区（非民族地区）向中西部地区（民族地区）进行产业转移，但是由于东
部地区（非民族地区）相对于中西部地区（民族地区）工业基础较好，转
移产业未触及东部地区（非民族地区）的支柱工业，因而东部地区（非民
族地区）人体血清中 PCBs 水平受重轻工业比重影响相对较小。

城镇化率是评价社会发展的重要指标，该项指标与人体血清中 PCBs
水平的正相关关系也同样值得我们重视。民族地区 4 市县该项指标的值
（除吉林伊通外）均大于非民族地区 5 市县的值。由于我国中西部地区
（民族地区）经济发展落后于东部地区（非民族地区），因而城市对于集

聚人口的作用也低于东部地区（非民族地区）。2016 年，我国城镇化率为57.35%，东、中、西部地区城镇化率分别为 65.94%、52.77% 和 50.19%，与 2012 年相比，分别提高了 4.08、5.57 和 5.46 个百分点。我国中西部地区（民族地区）城镇化率提升幅度高出东部地区（非民族地区）1 个百分点以上，人口的集聚增加会为当地工业发展提供人力资源，营造良好的发展环境。本研究发现工业是我国 PCBs 产生和排放的主要来源，而城镇化率的提高会加快工业的发展，因而城镇化率对人体血清中 PCBs 水平该项指标对中西部地区（民族地区）影响较大。

人均水泥制造、人均电力生产总产值与人体血清中 PCBs 水平负相关正是近年来我国环保领域重大政策制度落地的一个表现。2013 年 10 月15 日，国务院发布《国务院关于化解产能严重过剩矛盾的指导意见》，低端、落后、环保措施不达标的水泥产能逐步被取缔，再加上近年来的环保督查使得各地更加重视环境污染事件。党的十九大报告指出，推进能源生产和消费革命，构建清洁低碳、安全高效的现代能源体系。最严格环保制度的实施，净化了水泥、发电等行业，提升了发展的质量，改善了人们的居住和生活环境。从平均值来看，民族地区 4 市县人均电力生产总产值对人体血清中 PCBs 水平的影响（−0.1908）大于非民族地区 5 市县（−0.1907），这主要源于民族地区经济体量小，对于国家产业的管控措施效果明显。

人均水泥制造、人均电力生产总产值与人体血清中 PCBs 水平负相关和重轻工业比与人体血清中 PCBs 水平的正相关结合来看，PCBs 的主要来源由过去的发电行业在向现今的工业非故意排放转变，在工业行业中（除水泥外）可能还存在其他 PCBs 的排放源。

表5-3　相关工业发展指标对人体血清中PCBs水平的影响（最优带宽=0.4721）

城市	人均地区生产总值	重轻工业比	城镇化率	人均水泥制造	人均电力生产总产值
湖南省怀化市	1.7573	0.5486	0.1080	-0.1089	-0.1908
吉林省伊通县	1.7568	0.5491	0.1064	-0.1085	-0.1906
四川省甘孜州	1.7581	0.5485	0.1084	-0.1087	-0.1909
海南省陵水县	1.7583	0.5488	0.1074	-0.1091	-0.1910
广东省汕头市	1.7575	0.5489	0.1068	-0.1090	-0.1908
天津市静海区	1.7563	0.5490	0.1068	-0.1084	-0.1906
浙江省台州市	1.7567	0.5492	0.1062	-0.1088	-0.1907
浙江省衢州市	1.7566	0.5491	0.1065	-0.1088	-0.1907
山东省潍坊市	1.7563	0.5491	0.1065	-0.1085	-0.1906

二、农业发展与人体血清中 HCB 水平关系分析

4 个民族地区和 5 个非民族地区市县对七个影响因素均表现出良好的一致性响应。总体来看，人均地区生产总值、第一产业比重、人均粮食产量、人均农药使用量四项指标对人体血清中 HCB 水平有负影响，但人均粮食作物播种面积、人均化肥使用量、人均农业增加值三项指标对人体血清中 HCB 水平有正影响，见表 5–4。

人均粮食作物播种面积与人体血清中 HCB 水平呈现正相关。据研究表明，HCB 是一种良好的拌种剂[169]，较大的播种面积可能使得人群较多接触 HCB，进而升高人体血清中 HCB 水平。从平均值来看，人均粮食作物播种面积对 4 个民族地区人体血清中 HCB 水平的影响强度（6.9476）高于 5 个非民族地区市县（6.9473）。这一结果说明我国民族地区"小农"经济程度较深。在我国的民族地区，个体破碎化的经营方式占务农人口比重较大，粮食作物播种面积越大接触到的 HCB 越多，因而造成人体血清中 HCB 水平的上升。

农药的使用增加使得 HCB 在人体血清中的水平下降，正是我国政策制

度贯彻落实一致性的体现。据《我国履行〈关于持久性有机污染物的斯德哥尔摩公约〉国家实施计划》报道，六氯苯在我国被禁止作为农药直接使用并且于 2004 年停止了该化学品的生产和使用[14]。GWR 模型结果显示，人均农药使用量对 4 个民族地区人体血清中 HCB 水平的影响强度（除吉林伊通外）均高于 5 个非民族地区市县。这一结果说明由于国家政策对六氯苯在农药中使用的限制，使得农业占比较高的民族地区受该项指标影响较大。

从其他影响因素对人体血清中 HCB 水平的影响强度的平均值来看，人均化肥使用量对 4 个民族地区人体血清中 HCB 水平的影响强度（1.4460）高于 5 个非民族地区市县（1.4458）。人均粮食产量对 4 个民族地区人体血清中 HCB 水平的影响强度（-5.7556）高于 5 个非民族地区市县（-5.7553）。人均农业增加值、人均地区生产总值和第一产业比重对 4 个民族地区人体血清中 HCB 水平的影响强度（分别为 1.0078、-0.4765、-3.7486）高于 5 个非民族地区市县（分别为 1.0046、-0.4762、-3.7484），民族地区人体血清中 HCB 水平受农业发展相关经济指标的影响相比非民族地区要大，表明农业的发展对于民族地区 HCB 水平的影响程度要高于非民族地区。

表5-4　相关农业发展指标对人体血清中HCB水平的影响（最优带宽=3.9119）

城市	人均地区生产总值	第一产业比重	人均粮食作物播种面积	人均粮食产量	人均化肥使用量	人均农业增加值	人均农药使用量
湖南省怀化市	-4.4765	-3.7486	6.9478	-5.7558	1.4460	1.0101	-0.0102
吉林省伊通县	-4.4762	-3.7484	6.9471	-5.7551	1.4458	1.0010	-0.0101
四川省甘孜州	-4.4765	-3.7486	6.9477	-5.7557	1.4460	1.0101	-0.0102
海南省陵水县	-4.4766	-3.7487	6.9479	-5.7559	1.4460	1.0101	-0.0102
广东省汕头市	-4.4765	-3.7486	6.9478	-5.7558	1.4460	1.0101	-0.0102
上海市	-4.4762	-3.7483	6.9472	-5.7552	1.4458	1.0010	-0.0101
辽宁省大连市	-4.4762	-3.7483	6.9471	-5.7551	1.4458	1.0010	-0.0101
辽宁省沈阳市	-4.4762	-3.7484	6.9471	-5.7551	1.4458	1.0010	-0.0101
山东省潍坊市	-4.4761	-3.7483	6.9471	-5.7551	1.4458	1.0099	-0.0101

三、农业发展与人体血清中 DDTs 水平关系分析

4 个民族地区和 5 个非民族地区市县对七个影响因素并没有表现出良好的一致性响应，仅对人均地区生产总值和人均农业增加值两个影响因素产生了一致性响应，其中人均地区生产总值和人体血清中 DDTs 水平呈正相关关系，而人均农业增加值和人体血清中 DDTs 水平呈负相关关系，见表 5-5。

在我国，DDTs 历史上曾经大量用于农业，20 世纪 80 年代我国停止在农业上使用滴滴涕[14]，目前主要用作生产三氯杀螨醇的中间体、船舶防污漆添加剂和用于疟疾防治。DDTs 由于防护期较长、防污效果好、价格低廉，在我国部分地区一直被用于船舶的维护，目前尚未有同时满足高效、廉价和环境友好要求的成熟防污漆替代品或技术[14]。9 个城市对于人均农业增加值和人均地区生产总值与人体血清中 DDTs 水平的一致性响应正是反映了改革开放以来我国经济转变的特点，产业转型升级步伐加快，工业比重持续提升，特别是近年来随着"一带一路"倡议的提出以及我国海军的快速发展极大地促进了我国船舶工业的发展。目前工业仍是我国大多数城市的主导产业，它的发展状况直接影响到人均地区生产总值的变化，因此，人均地区生产总值的上升将导致人体血清中 DDTs 水平的上升，GWR 模型结果与宏观经济分析相吻合。我国于 20 世纪 80 年代停止农业上使用 DDTs，这可能是导致人均农业增加值和人体血清中 DDTs 水平呈负相关关系的主要原因。结合人均农业增加值和人均地区生产总值对人体血清中 DDTs 水平的影响来看，本研究发现 DDTs 的主要来源由原来的农业已经转变为工业，DDTs 在工业上的应用已经超过了农业，这一结果从模型上验证了前文从 p, p'-DDE/p, p'-DDT 比值得来的推论：陵水和伊通 p, p'-DDE/p, p'-DDT 比值都在 10 附近，这说明 p, p'-DDE 主要来自

近期 DDT 的接触，目前 DDT 的主要来源已经从农业转向了工业。

表5-5　相关农业发展指标对人体血清中DDTs水平的影响（最优带宽=0.4807）

城市	人均农药使用量	人均地区生产总值	第一产业比重	人均粮食作物播种面积	人均粮食产量	人均化肥使用量	人均农业增加值
湖南省怀化市	-0.2356	0.3622	0.0959	0.0681	-0.0356	-0.1368	-0.0581
吉林省伊通县	0.6053	1.0332	-0.4838	-0.0115	-0.4117	0.2218	-0.3879
四川省甘孜州	-0.2005	0.2533	0.0831	0.0472	-0.0402	-0.1514	-0.0207
海南省陵水县	-0.1881	0.4270	0.1633	0.0861	-0.0402	-0.0403	-0.0185
广东省汕头市	-0.2461	0.3411	0.0556	0.0088	-0.0812	-0.1493	-0.0588
上海市	-0.2997	0.4027	-0.0243	-0.0135	-0.1075	-0.1920	-0.1042
辽宁省大连市	0.6852	1.0482	-0.8806	0.1509	0.0394	-0.1815	-0.4445
辽宁省沈阳市	0.6053	1.0332	-0.4838	-0.0115	-0.4117	0.2218	-0.3879
山东省潍坊市	0.3114	0.6693	-0.0999	-0.1726	-0.5758	-0.3418	-0.0420

第五节　小　结

本研究将地理加权回归模型（GWR）引入城市经济发展与人体血清中持久性有机卤族污染物水平关系研究，为探讨环境污染物与经济发展之间的关系提供了新的方法应用。基于2015年各城市统计年鉴数据相关指标，运用地理加权回归模型（GWR）测算部分城市经济发展对人体血清中持久性有机卤族污染物水平影响的空间差异，得到的主要结论如下：

（1）选定案例城市相关经济发展指标对人体血清中 PCBs、HCB 含量水平均有良好的一致性响应，但对人体血清中 DDTs 含量水平却没有表现出一致性响应。

（2）工、农业大多数经济指标对民族地区人体血清中 PCBs、HCB 水平的影响程度要强于非民族地区，这说明民族地区人体血清中 PCBs、HCB 水平与经济联系更为紧密，随着经济的进一步发展，PCBs 和 HCB 的影响对民族地区人口的危害会增加。

（3）当前及今后一段时期，我国 PCBs 主要污染源将来自工业热处理过程中造成的非故意制造 PCBs（unintentionally produced PCBs：UP-PCBs）。亟待加强对重点行业进行严格监管，进而有效降低 PCBs 对人体的威胁。

（4）随着 DDTs 在农业上的禁止使用，其在船舶工业上的应用已经超过在农业上的使用。

基于上述结论，本研究提出以下两点促进民族地区可持续发展的建议：

（1）加强民族地区 POPs 类物质的监测研究工作。我国正在由东向西进行大范围的产业转移，相关政府部门尤其是中西部民族地区产业承接地应加强 POPs 类物质的监测，并在我国经济结构调整、产业转型升级、发展提质增效的背景下，利用大量实测数据探究 POPs 类物质与相关经济指标的关系，为我国民族地区高质量发展提供基础支撑。

（2）加强产业承接地环境规制。我国政府应适时修订《产业结构调整指导目录》，突出资源承载能力、生态环境容量作为承接产业转移重要依据的地位和作用。

第六章　结论及展望

第一节　主要结论

一、我国民族地区人体血清中持久性有机卤族污染物水平

我国 5 个城市人体血清中 PCBs 水平与其他国家相比均处于较低水平，但 Σ_{15}PCBs 水平在民族地区的怀化、伊通和甘孜年轻人群中有上升的趋势，尤其是位于我国民族地区的伊通 20—29 岁年龄段人体血清中 Σ_{15}PCBs 含量（22ng/g 脂重）显著高于 ≥ 60 岁年龄段（7.4ng/g 脂重）（p=0.041）。从氯原子个数来看，我国 5 个城市各年龄段中五氯代 PCBs 均是最主要的污染物，其大部分同族体均表现出年轻人群水平上升的趋势且水平占比在年轻人群中也有升高的趋势，但民族地区城市陵水由于其特殊的地理位置表现出七氯代 PCBs 为主要的污染物。从 PCBs 同族体来看，民族地区的怀化（PCB-101、PCB-114、PCB-126）、甘孜（PCB-101）、陵水（PCB-101）PCB 同族体含量水平占比在年轻人群中均有升高的趋势，这一趋势进一步说明现在我国民族地区城市中还存在 PCBs 的排放源。经过统计学分析发现，无论是民族地区 4 城市（怀化、甘孜、陵水和伊通）还是非民族地区城市潍坊，年轻人和年长者对于 PCBs 的暴露源是不同的。我国民族地区

的怀化、伊通和陵水三地 Σ_{12}DL-PCBs TEQ 均呈现出在年轻人群中上升的趋势。其中伊通 Σ_{12}DL-PCBs TEQ 值在 5 个城市中最高,从年龄段来看,伊通 Σ_{12}DL-PCBs TEQ 值最高出现在 20—29 岁年龄段。

NBFRs 总含量从高到低为伊通、怀化、甘孜,并且伊通和怀化人体血清中 NBFRs 总含量高于这两个城市 PCBs 的含量。3 个城市 NBFRs 含量均呈现出在年轻人群中上升的趋势。伊通和怀化在 5 个年龄段均有占主要成分的 NBFRs,但甘孜首要污染物不明显且 4 种 NBFRs 占比在 5 个年龄段中基本稳定。民族地区城市所处的经济发展阶段不同使得其 NBFRs 在各城市人体血清中的分布特征也有所不同。伊通和怀化与甘孜相比较,工业经济发展程度较高,因而这两个城市人体血清中 NBFRs 水平高于甘孜。甘孜工业发展相对落后,其人体血清中 NBFRs 可能大多来自外来污染源的大气远距离输送。

无论是位于我国民族地区的怀化、伊通、陵水、甘孜,还是非民族地区的潍坊,其城市居民人体血清中均含有较高水平的 OCPs。总体来看,年轻人群中 Σ_{13}OCPs 水平低于年长者,OCPs 的年降低率为 1.78%。年长者水平较高的原因,一是 OCPs 的物理化学特性,二是我国政府对 OCPs 类物质实施的限制生产、使用的相关政策。中西部民族地区的怀化和甘孜 p,p'-DDE/p,p'-DDT 比值较大,原因可能来源于这两个城市历史上较多地使用 DDE;陵水和伊通 p,p'-DDE/p,p'-DDT 比值都在 10 附近,这说明这两个城市 p,p'-DDE 主要来自近期 DDT 的接触,DDT 的主要来源可能已经从农业转向了工业。HCB 和硫丹 I 均体现出民族地区城市人群人体血清中水平要高于非民族地区城市,并且在年轻人群中的水平高于来自老年人群的样本。统计学分析显示,年均气温较低的伊通和甘孜同属一类,年均气温较高的怀化、潍坊和陵水则另属一类。我国不同地区不同的气候条件决定了 OCPs 可能的使用类型,因此生活在不同地区的人们会接触到不同的 OCPs 混合物，因而他们的血清中 OCPs 组成成分将会有所不同。HCB 是我国温度较低城市人体血清中 OCPs 的主要组分，而 p，p'-DDE 则是温暖城市的优势 OCPs。

二、经济发展水平对人体血清中持久性有机卤族污染物水平的影响

我国民族地区城市人体血清中 PCBs、HCB 水平与经济联系更为紧密。从本研究的模型分析来看，工农业大多数经济指标对民族地区城市人体血清中 PCBs、HCB 水平的影响要强于非民族地区城市。

本研究通过模型验证，当前及今后一段时期，我国 PCBs 主要污染源将来自工业热处理过程中造成的非故意制造 PCBs（unintentionally produced PCBs：UP-PCBs）。加强对重点行业的严格监管将会有效降低 PCBs 对人体的威胁。目前 DDTs 在工业上的使用已超过其在农业上的应用。

第二节　创新点

（1）针对民族地区市县测定人体血清中持久性有机卤族污染物水平。本研究共测定吉林省伊通满族自治县、湖南省怀化市、海南省陵水黎族自治县和四川省甘孜藏族自治州 4 个民族市县 5 个不同年龄段人群（20—29、30—39、40—49、50—59、≥ 60 岁）男性和女性人体血清中 15 种 PCBs、13 种 OCPs 以及吉林省伊通满族自治县、湖南省怀化市和四川省甘孜藏族自治州 4 种 NBFRs。通过研究发现，我国人体血清中 PCBs 和 HCB 在年轻人中呈现较高水平，这与其已经禁止生产后的预测趋势不同，说明了存在非故意生产的来源。

（2）将地理加权回归模型（GWR）引入城市经济发展与人体血清中持久性有机卤族污染物水平关系研究，并发现工、农业大多数经济指标对民族地区人体血清中 PCBs、HCB 水平的影响要强于非民族地区。如不采取相应的管制措施，民族地区经济的进一步发展可能会给当地居民健康带来更大的风险。

（3）首次发现我国人体血清中 PCBs、NBFRs 以及 OCPs 中的 HCB 和硫丹 I 水平在年轻人群中上升的趋势。

第三节　研究展望及建议

（1）重视基础研究工作。目前，我国对 POPs 类物质在人体血清中的研究还较为匮乏，未见对我国民族地区的研究报道，既没有形成覆盖全国的数据网络，也鲜见时间序列上的对比数据。本研究发现一些 POPs 类物质如 PCBs、HCB 等在年轻人群人体血清中水平有升高的趋势且民族地区 PCBs、HCB 在人体血清中的含量与经济指标联系紧密，鉴于 POPs 类物质对人体健康的有害风险，科研机构和相关政府职能部门应当对这一发现予以重视，应持续监测我国不同地区，尤其是民族地区人群中 POPs 物质的水平。

（2）找准重点研究领域。首先是找准研究地点。在以往的文献中，我国关于 POPs 类物质的研究大多集中在东南沿海经济较为发达的地区（非民族地区）。近年来，随着产业由东南沿海地区（非民族地区）向中西部内陆地区（民族地区）的梯度转移，对于 POPs 类物质的关注也应转移到这些地区。其次是找准研究产业。随着经济社会的不断发展，POPs 类物质的主要来源也会发生不断的变化。本研究发现，今后一段时期我国 PCBs 的主要来源从以往的发电、变电行业转变为工业热处理过程中造成的非故意制造 PCBs（unintentionally produced PCBs：UP-PCBs）。DDTs 的主要来源从农业转变到工业中的造船业。再次是找准研究物质。由于 POPs 类物质在全球范围内广泛限制使用，使得其替代品和替代技术不断革新，这其中也不乏跟 POPs 性质类似的新物质，如 NBFRs。对人体健康有潜在威胁的新物质也应受到研究人员的关注。

（3）拓展研究成果应用。一是加强 POPs 类物质对民族地区人体健康的影响研究。目前已有不少研究表明 POPs 类物质在人体血清中的水平与人体健康的不利风险呈正相关，但未见专门针对我国少数民族人群人体血清中 POPs 类物质对健康的影响研究。由于我国民族地区特殊的生态地理环境，使得不同民族在生活生产的方式各不相同，已有研究证实不同的生活生产方式将影响人体血清中 POPs 含量，因而应加强这方面的研究工作。二是加强民族地区 POPs 类物质与产业发展之间的关联研究。由于 POPs 类物质的需求最终来自产业发展的需要，未来产业的发展方式和方向将是决定 POPs 类物质对人体构成威胁与否的重要因素。本研究的经济学模型已证实民族地区人体血清中相关 POPs 的含量与经济指标联系紧密。利用民族地区 POPs 类物质监测数据与产业发展指标进行相关分析、模拟将会是今后研究的一个趋势，研究的成果也将为我国民族地区经济、社会、环境协调发展提供重要的基础支撑作用。

附　录

附表　本文所涉及的缩略语

中文名	英文全称	简称
持久性有机污染物	Persistent organic pollutants	POPs
多氯联苯	Polychlorinated biphenyls	PCBs
有机氯农药	Organochlorine pesticides	OCPs
新型溴代阻燃剂	Novel brominated flame retardants	NBFRs
四溴对二甲苯	2,3,5,6-tetrabromo-p-xylene	PTBX
五溴苯	Pentabromobenzene	PBBz
五溴甲苯	Pentabromotoluene	PBT
五溴乙苯	Pentabromoethyl benzene	PBEB
六溴苯	Hexabromobenzene	HBB
六氯苯	Hexachlorobenzene	HCB
滴滴涕	Dichlorodiphenyltrichloroethane	DDTs
六六六	Hexachlorocyclohexanes	HCHs
毒性当量因子	Toxicity equivalent factor	TEF
毒性当量	Toxicity equivalent quantity	TEQ
世界卫生组织	World Health Organization	WHO
类二噁英	Dioxin Like	DL

参考文献

［1］习近平. 在庆祝改革开放 40 周年大会上的讲话［M］. 北京：人民出版社, 2018.

［2］贺曲夫, 刘友金. 我国东中西部地区间产业转移的特征与趋势——基于 2000—2010 年统计数据的实证分析［J］. 经济地理, 2012, 32（12）：85-90.

［3］龚晓菊, 刘祥东. 产业区域梯度转移及行业选择［J］. 产业经济研究, 2012（4）：89-94.

［4］贺胜兵, 段昌梅, 周华蓉. 基于动态因子分析的中部地区产业转移资源环境承载力研究［J］. 常州大学学报（社会科学版）, 2018, 19（3）：48-58.

［5］胡志强, 苗长虹. 中国污染产业转移的时空格局及其与污染转移的关系［J］. 软科学, 2018, 32（7）：39-43.

［6］左航. 流域甘宁蒙地区水体重金属调查与研究［D］. 中央民族大学学位论文, 2017.

［7］国家民族事务委员会经济发展司. 中国民族地区经济发展报告（2016）［M］. 北京：民族出版社, 2017。

［8］龙少波, 罗添元. 民族地区经济增长与环境污染的 Kuznets 曲线实证分析——基于 1999—2008 民族地区面板数据［J］. 贵州财经学院学报, 2010（5）：87-93.

［9］湖南省人大曝光 117 个水污染严重点源［OB/EL］. http://www.xxcb.cn/event/hunan/2015−09−22/9017297.html. 2018−12−10.

［10］怀化市三次产业情况变化简析［OB/EL］. http://tjj.huaihua.gov.cn/26569/26913/content_412724.html. 2018−12−10.

［11］顿楠. 2000 年以后民族经济学研究概述［J］. 中国商论, 2017（9）: 182−183.

［12］Kennisch M J. Practical handbook of estuarine and marine pollution［M］. Boca Raton, NY: CRC Press, Marine Science Series, 1996.

［13］Breivik K, Sweetman A, Pacyna J M, et al. A global historical emission inventory for selected PCB congeners—a mass balance approach 1. Global production and consumption［J］. Science of the Total Environment, 2002, 290 （1−3）: 181−198.

［14］The People's Republic of China. National Implementation Plan for the Stockholm Convention of Persistent Organic Pollutants. NIP China, 2007.

［15］彭艳超, 黄根华, 孙敏. 多氯联苯对人体危害的研究［J］. 中国新技术新产品, 2010（3）: 23.

［16］何畅. 黄河上游环境介质中有机卤素化合物水平及分布规律的研究［D］. 中央民族大学学位论文, 2014.

［17］Covaci A, Harrad S, Abdallah M A E, et a1. Novel brominated flame retardants: a review of their analysis, environmental fate and behavior［J］. Environmental International, 2011, 37（2）: 532−556.

［18］Venier M, Ma Y N, Hites R A. Bromobenzene flame retardants in the Great Lakes atmosphere［J］. Environmental Science and Technology, 2012, 46 （16）: 8653−8660.

［19］Watanabe I, Sakai S I. Environmental release and behavior of brominated flame retardants［J］. Environmental International, 2003, 29（6）: 665-682.

［20］Gauthier L T, Hebert C E, Weseloh D V C, et a1. Current-use flame retardants in the eggs of herring gulls（Larus argentatus）from the Laurentian Great lakes［J］. Environmental Science and Technology, 2007, 41（13）: 4561-4567.

［21］WHO. Flame retardants: a general introduction［S］. Environmental Health Criteria, 1997 : 192.

［22］Li P, Jin J, Wang Y, et a1. Concentrations of organophosphorus, polybromobenzene, and polybrominated diphenyl ether flame retardants in human serum, and relationships between concentrations and donor ages［J］. Chemosphere, 2017（171）: 654-660.

［23］吴辉, 金军, 王英, 等. 典型地区大气中多溴联苯醚和新型溴代阻燃剂的水平及组成分布［J］. 环境科学, 2014, 35（4）: 1230-1237.

［24］Li Y F, Cai D J, Singh, A. Technical hexachlorocyclohexane use trends in China and their impact on the environment［J］. Arch. Environ. Contam. Toxicol. 1998（35）: 688-697.

［25］Zhang G, Parker A, House A, et al. Sedimentary records of DDT and HCH in the Pearl River Delta, South China［J］. Environmental Science and Technology, 2002（36）: 3671-3677.

［26］Min J Y, Kim R, Min K B. Serum polychlorinated biphenyls concentrations and hearing impairment in adults［J］. Chemosphere, 2014（102）: 6-11.

［27］王春林，刘烨，曾国秀，等. 有机氯农药干扰妇女免疫、内分泌所致子宫内膜异位症的研究［J］. 现代诊断与治疗，2011, 22（5）：264-267.

［28］我国批准《斯德哥尔摩公约》两修正案［OB/EL］. http://www.china-pops.org/gyjc/newpops/201312/t20131220_21322.htm. 2018-12-10.

［29］王璞，王亚韡，李英明，等. 青海湖湟鱼（Gymnocypris przewalskii）中 PCBs 和 PCDD/Fs 的分析［J］. 环境化学，2006（25）:669-673.

［30］Ram B J. Association between thyroid function and selected organochlorine pesticides: Data from NHANES 2001-2002［J］. Science of the Total Environment, 2014（466-467）: 706-715.

［31］Abdessattar S, Nadine F, Abdelkrim Z, et al. Serum levels of organochlorine pesticides in the French adult population: The French National Nutrition and Health Study（ENNS）, 2006-2007［J］. Science of the Total Environment, 2014（472）: 1089-1099.

［32］聂湘平. 多氯联苯的环境毒理研究动态［J］. 生态科学，2003, 22（2）: 171-176.

［33］Anna S, Michael S, McLachlan, et al. A comparison of PCB bioaccumulation factors between an arctic and a temperate marine food web［J］. Science of the Total Environment, 2010,（408）: 2753-2760.

［34］Figueiredo K, Kimmo M, Matti T, et al. Trophic transfer of polychlorinated biphenyls（PCB）in a boreal lake ecosystem: Testing of bioaccumulation models［J］. Science of the Total Environment, 2014（466-467）: 690-698.

［35］Bodin N, Tapie N, Ménach K L, et al. PCB contamination in fish community from the Gironde Estuary（France）: Blast from the past［J］. Chemosphere, 2014（98）: 66-72.

［36］Melissa A, Kinney M, Robert J, et al. Flame retardants and legacy contaminants in polar bears from Alaska, Canada, East Greenland and Svalbard, 2005-2008［J］. Environment International, 2011（37）:365-374.

［37］毕新慧, 徐晓白. 多氯联苯的环境行为［J］. 化学进展, 2000, 12（2）: 152-160.

［38］Berg M V D, Birnbaum L S , Denison M , et al. The 2005 World Health Organization reevaluation of human and mammalian toxic equivalency factors for dioxins and dioxin-like compounds.［J］. Toxicol Sci, 2006, 93（2）: 223-241.

［39］Papachlimitzou A, Barber J L, Losada S. A review of the analysis of novel brominated flame retardants［J］. Journal of Chromatography, 2012（1219）: 15-28.

［40］Nyholm J R, Asamoah R K, Wal L. Accumulation of polybrominated diphenyl ethers, hexabromobenzene, and 1, 2-dibromo-4-（1, 2-dibromoethyl）cyclohexane in earthworm（Eisenia fetida）. Effects of soil type and aging［J］. Environmental Science and Technology, 2010, 44（23）: 9189-9194.

［41］Verreault J, Gebbink W A, Gauthier L T. Brominated flame retardants in glaucous gulls from the Norwegian Arctic: more than just an issue of polybrominated diphenyl ethers［J］. Environmental Science and Technology, 2007, 41（14）: 4925-4931.

［42］罗孝俊, 陈社军, 麦碧娴, 等. 珠江三角洲河流及南海近海区域表层沉积物中有机氯农药含量及分布［J］. 环境科学学报, 2005, 25（9）:

1272-1279.

[43] Iwata H, Tanabe S, Sakai N, et al. Distribution of persistent organochlorines in the oceanic air and surface seawater and the role of ocean on their global transport and fate [J] . Environmental Science and Technology, 1993, 27 (6) : 1080-1098.

[44] Zhao L, Hou H, Zhou Y Y, et al. Distribution and ecological risk of polychlorinated biphenyls and organochlorine pesticides in surficial sediments from Haihe River and Haihe Estuary Area, China [J] . Chemosphere, 2010, 78 (10) : 1285-1293.

[45] Nan G, Jing P, Hua T, et al. Organochlorine pesticides and polychlorinated biphenyls in surface soils from Ruoergai high altitude prairie, east edge of Qinghai-Tibet Plateau [J] . Science of the Total Environment, 2014 (478) : 90-97.

[46] 王小萍, 龚平, 姚檀栋. 偏远地区大气中持久性有机污染物研究进展 [J] . 环境科学, 2008, 29 (2) : 273-283.

[47] Kallenborn R, Oehme M, Wynn D D. Ambient air levels and atmospheric long-range transport of persistent organochlorines to Signy Island, Antarctica [J] . Science of the Total Environment, 1998, 220 (2) : 167-180.

[48] Dana B B, Pa W, Mark D, et al. Serum polychlorinated biphenyl and organochlorine insecticide concentrations in a Faroese birth cohort [J] . Chemosphere, 2006 (62) : 1167-1182.

[49] Cerna M, Marek M, Roman G, et al. Serum concentrations of indicator PCB congeners in the Czech adult population [J] . Chemosphere, 2008 (72) : 1124-1131.

［50］ATSDR, 2002. Toxicological Profile for Polychlorinated Biphenyls, Atlanta, <www.atsdr.cdc.gov>.

［51］Schaeffer D J, Dellinger J A, Needham L L, et al. Serum PCB profiles in Native Americans from Wisconsin based on region, diet, age and gender: implications for epidemiology studies ［J］. Science of the Total Environment, 2006（357）: 74-87.

［52］Bates M N, Buckland S J, Garett N, et al. Persistent organochlorines in the serum of the non-occupationally exposed New Zealand population ［J］. Chemosphere, 2004（54）: 1431-1443.

［53］Needham L L, Barr D B, Caudill S P, et al. Concentrations of environmental chemicals associated with neurodevelopment effects in US population ［J］. Neurotoxicology, 2005（26）: 531-545.

［54］Costopoulou D, Vassiliadou I, Papadopoulos A, et al. Levels of dioxins, furans and PCBs in human serum and milk of people living in Greece ［J］. Chemosphere, 2006（65）: 1462-1469.

［55］Park H, Lee S J, Kang J H, et al. Congener-specific approach to human PCB concentrations by serum analysis ［J］. Chemosphere, 2007（68）: 1699-1706.

［56］Chen J W, Wang S L, Yu H Y, et al. Body burden of dioxins and dioxin-like polychlorinated biphenyls in pregnant women residing in a contaminated area ［J］. Chemosphere, 2006（65）: 1667-1677.

［57］Apostoli P, Magoni M, Bergonzi R, et al. Assessment of reference values for polychlorinated biphenyl concentration in human blood ［J］. Chemosphere, 2005（61）: 413-421.

［58］Donato F, Magoni M, Bergonzi R, et al. Exposure to polychlorinated biphenyls in residents near a chemical factory in Italy: the food chain as main source of contamination ［J］. Chemosphere, 2006（64）: 1562-1572.

［59］Pavuk M, Olsonb J R, Sjödin A, et al. Serum concentrations of polychlorinated biphenyls（PCBs）in participants of the Anniston Community Health Survey ［J］. Science of the Total Environment, 2014（473-474）: 286-297.

［60］Sjodin A, Jones R S, Focant J F. Retrospective time—trend study of polybrominated diphenyl ether and polybrominated and polychlorinated biphenyl levels in human serum from the United States ［J］. Environ Health Persp, 2004, 112（6）: 654-658.

［61］Nadeem A, Syed A, Riffat N, et al. Organohalogenated contaminants（OHCs）in human serum of mothers and children from Pakistan with urban and rural residential settings ［J］. Science of the Total Environment, 2013（461-462）: 655-662.

［62］Yamaguchi Y, Kawano M, Tatsukawa R, et al. Hexabromobenzene and its debrominated compounds in human adipose tissues of Japan ［J］. Chemosphere, 1988（17）: 703-707.

［63］Shen H, Main K M, Andersson A M, et al. Concentrations of persistent organochlorine compounds in human milk and placenta are higher in Denmark than in Finland ［J］. Human Reproduction, 2008, 23（1）: 201-210.

［64］Choi S, Kim H, Kim, et al. Current status of organochlorine pesticides（OCPs）and polychlorinated biphenyls（PCBs）exposure among mothers and their babies of Korea-CHECK cohort study [J] . Science of the Total Environment, 2018（618）: 674-681.

［65］Colette S A, H é l è ne D, Benjamin F, et al. High serum organochlorine pesticide concentrations in diabetics of a cotton producing area of the Benin Republic（West Africa）[J]. Environment International, 2014（6）: 1-8.

［66］Kezios K L, Liu X, Cirillo P M, et al. Dichlorodiphenyltrichloroethane（DDT）, DDT metabolites and pregnancy outcomes [J] . Reprod Toxicol, 2013（35）: 156-64.

［67］Bi X, Thomas G, Jones K, et al. Exposure of Electronics Dismantling Workers to Polybrominated Diphenyl Ethers, Polychlorinated Biphenyls, and Organochlorine Pesticides in South China [J] . Environmental Science and Technology, 2007（41）: 5647-5653.

［68］Zhang J, Jiang Y, Zhou J, et al. Elevated Body Burdens of PBDEs, Dioxins, and PCBs on Thyroid Hormone Homeostasis at an Electronic Waste Recycling Site in China [J] . Environmental Science and Technology, 2010（44）: 3956-3962.

［69］Wang Y, Xu M, Jin J, et al. Concentrations and relationships between classes of persistent halogenated organic compounds in pooled human serum samples and air from Laizhou Bay, China [J] . Science of the Total Environment, 2014（482-483）: 276-282.

［70］何升良, 韩关根, 李朝林, 等. 母乳和脐带血中多氯联苯暴露水平研究 [J]. 中国预防医学杂志, 2006, 7（4）: 334-336.

［71］于丽娜. 我国部分城市人体血浆中多氯联苯含量的研究 [D].

东北林业大学, 2007.

[72] 耿春燕, 古贺实, 傣原亮太. 青海湟中县农民血清有机氯农药含量调查及分析 [J]. 青海医学院学报, 2012, 33（2）: 137-142.

[73] Lee S A, Dai Q, Zheng W, et al. Association of serum concentration of organochlorine pesticides with dietary intake and other lifestyle factors among urban Chinese women [J]. Environment Internatiaonal, 2007（33）: 157-63.

[74] Qu W Y, Suri R P, Bi X H, et al. Exposure of young mothers and newborns to organochlorine pesticides（OCPs）in Guangzhou, China [J]. Science of the Total Environment, 2010, 408（16）: 3133-3138.

[75] 屈伟月. 广东省特殊人群血液和母乳中多溴联苯醚、有机氯农药和多氯联苯的初步研究 [D]. 中国科学院广州地球化学研究所, 2007.

[76] Meeker J D, Altshul L, Hauser R. Serum PCBs, -DDE and HCB predict thyroid hormone levels in men[J]. Environment Resource, 2007（104）: 296-304.

[77] Tsukino H, Hanaoka T, Sasaki H, et al. Fish intake and serum levels of organochlorines among Japanese women [J]. Science of the Total Environment, 2006（359）: 90-100.

[78] Papachlimitzou A, Barber J L, Losada S. A review of the analysis of novel brominated flame retardants[J]. Journal of Chromatography, 2012（1219）: 15-28.

[79] Zhang Y, Luo X, Wu J, et al. Contaminant pattern and bioaccumulation of legacy and emerging organhalogen pollutants in the aquatic biota from an e-waste recycling region in South China [J]. Environmental Toxicology and Chemistry, 2010, 29（4）: 852-859.

［80］包玉山. 中国少数民族经济：核心概念、概念体系及理论意义［J］. 民族研究, 2010（5）: 30-35.

［81］胡焕庸. 中国人口之分布——附统计表与密度图［J］. 地理学报, 1935（2）: 33-74.

［82］Jensen, S. Report of a new chemical hazard［J］. Nature, 1966（32）: 312.

［83］Carvalho F P, Villeneuve J P, Cattini C, et al. Agrochemical and olychlorobyphenyl（PCB）residues in the mekong river delta, Vietnam［J］. Marine. Pollution. Bulletin, 2008（56）: 1476-1485.

［84］Liu G R, Zheng M H, Cai M W, et al. Atmospheric emission of polychlorinated biphenyls from multiple industrial thermal processes［J］. Chemosphere, 2013, 90（9）, 2453-2460.

［85］Nhan D D, Am N M, Carvalho F P, et al. Organochlorine pesticides and PCBs along the coast of north Vietnam［J］. Science of the Total Environment, 1999（237-238）: 363-371.

［86］Mckinney M A, Letcher R J, Aars J, et al. Flame retardants and legacy contaminants in polar bears from Alaska, Canada, East Greenland and Svalbard, 2005-2008［J］. Environment International, 2011（37）: 365-374.

［87］National Implementation Plan for the Stockholm Convention on Persistent Organic Pollutants for Sweden.［Z］. 2006.

［88］The National Implementation Plan of Japan under the Stockholm Convention on Persistent Organic Pollutants.［Z］. 2006.

［89］Cogliano V J. Assessing the cancer risk from environmental PCBs［J］. Environ. Health Perspect, 1998, 106（6）: 317-323.

［90］Rice D C. Neurotoxicity produced by developmental exposure to PCBs［J］. Ment Retard, 1997, 3（3）: 223-229.

［91］Schantz S L. Developmental neurotoxicity of PCBs in humans: what do we know and where do we go from here?［J］Neurotoxicol. Teratol, 1996, 18（3）: 217-227.

［92］Huetos O, Bartolom M, Aragon N, et al. Serum PCB levels in a representative sample of the Spanish adult population: the BIOAMBIENT. ES project［J］. Environmental Science and Technology, 2014（493）: 834-844.

［93］Wong L Y, Uddin M S, Turner W, et al. Serum PCB concentrations in residents of calcasieu and lafayette parishes, Louisiana with comparison to the U.S. Population［J］. Chemosphere, 2015（118）: 156-162.

［94］Cui S, Fu Q, Ma W L, et al. A preliminary compilation and evaluation of a comprehensive emission inventory for polychlorinated biphenyls in China［J］. Environmental Science and Technology, 2015（533）: 247-255.

［95］何松洁, 李明圆, 金军, 等. 凝胶渗透色谱柱去脂—气相色谱—质谱法测定人血清中新型卤系阻燃剂［J］. 分析化学, 2012, 40（10）: 1519-1523.

［96］Park H, Ikonomou M G, Kim, H S, et al. Dioxin and dioxin-like PCB profiles in the serum of industrial and municipal waste incinerator workers in Korea［J］. Environment International, 2009, 35（3）: 580-587.

［97］Petrik J, Drobna B, Pavuk M, et al. Serum PCBs and organochlorine pesticides in Slovakia: Age, gender, and residence as determinants of organochlorine concentrations［J］. Chemosphere, 2006, 65（3）: 410-418.

［98］Todaka T, Hori T, Hirakawa H, et al. Concentrations of

polychlorinated biphenyls in blood of Yusho patients over 35 years after the incident [J]. Chemosphere, 2009, 74（7）: 902−909.

[99] Wong L Y, Mohammed S U, Wayman T, et al. Serum PCB concentrations in residents of Calcasieu and Lafayette Parishes, Louisiana with comparison to the U.S. Population [J]. Chemosphere, 2015（118）: 156−162.

[100] Huetos O, Bartolomé M, Aragonés N, et al. Serum PCB levels in a representative sample of the SPANISH adult population: The BIOAMBIENT.ES project [J]. Science of the Total Environment, 2014（493）: 834−844.

[101] 韩见龙. 浙江省二噁英、多氯联苯污染水平及其对人体健康危害的风险评价研究 [D]. 杭州: 浙江大学, 2011.

[102] 杨巧云. 典型有机污染物的人体内暴露及健康效应研究 [D]. 北京: 北京大学, 2014.

[103] Alin C D, Roberta C, Doina D, et al. Organohalogenated pollutants in human serum from Iassy, Romania and their relation with age and gender [J]. Environment International, 2006（32）: 797−803.

[104] Hardell E, Carlberg M, Nordström M, et al. Time trends of persistent organic pollutants in Sweden during 1993−2007 and relation to age, gender, body mass index, breast−feeding and parity [J]. Science of the Total Environment, 2010（408）: 4412−4419.

[105] 李文龙. 中国青年人群血清中 PCBs 残留特征及规律研究 [D]. 哈尔滨: 哈尔滨工业大学, 2012.

[106] Antonio D G, Terzaghi E, Giuseppe R, et al. Differentiating current and past PCB and PCDD/F sources: The role of a large contaminated soil site in an industrialized city area [J]. Environmental Pollution, 2017（223）: 367−

375.

[107] Wang W, Wang Y, Zhang R, et al. Seasonal characteristics and current sources of OCPs and PCBs and enantiomeric signatures of chiral OCPs in the atmosphere of Vietnam [J]. Science of the Total Environmen, 2016 (542): 777—786.

[108] Stefania R, Rossano P, Cristian M, et al. PBDEs and PCBs in sediments of the Thi Nai Lagoon (Central Vietnam) and soils from its mainland [J]. Chemosphere, 2013 (90): 2396—2402.

[109] Hogarh J N, Seike N, Kobara Y, et al. Passive air monitoring of PCBs and PCNs across East Asia: A comprehensive congener evaluation for source characterization [J]. Chemosphere, 2012, 86 (7): 718—726.

[110] Song C, Qiang F, Wan L M, et al. A preliminary compilation and evaluation of a comprehensive emission inventory for polychlorinated biphenyls in China [J]. Science of the Total Environment, 2015 (533): 247—255.

[111] Katrin V. An overlooked environmental issue? A review of the inadvertent formation of PCB—11 and other PCB congeners and their occurrence in consumer products and in the environment [J]. Science of the Total Environment, 2016 (541): 1463—1476.

[112] Dorothea F K, Rawn A R, Sadler V A et al. Dioxins/furans and PCBs in Canadian human milk: 2008—2011 [J]. Science of the Total Environment, 2017 (595): 269—278.

[113] Miren B Z, Elena E J, Aurrekoetxe A, et al. Changes in serum dioxin and PCB levels in residents around a municipal waste incinerator in Bilbao, Spain [J]. Environmental Research, 2017 (156): 738—746.

［114］Man Y B, Chow K L, Xing G H, et al. A pilot study on health risk assessment based on body loadings of PCBs of lactating mothers at Taizhou, China, the world's major site for recycling transformers ［J］. Environmental Pollution, 2017（227）: 364−371.

［115］Fisk A T, Norstrom R J, Cymbalisty C D, et al. Dietary accumulation and depuration of hydrophobic organoehlorines: bioaccumulation parameters and their relationship with the octanol/water partition coefficient ［J］. Environmental Toxicology and Chemistry, 1998（17）: 951−961.

［116］White R D, Shea D, Colow A R, et al. Induction and post−transcriptional suppression of hepatic cytochrome P4501AI by 3,3',4,4'−tetrachlorobipheny ［J］. Biochemistry and Pharmacology, 1997（53）: 1029−1040.

［117］Alcock R E, Behnisch P A, Jones K C, et al. Dioxin−like PCBs in the environment−human exposure and the significance of sources ［J］. Chemosphere, 1998, 37（8）: 1457−1472.

［118］Glen R, Igor E A. Dioxin−like pcb emissions from cement kilns during the use of alternative fuels ［J］. Journal of Hazardous Materials, 2017（323）: 698−709.

［119］Stockholm convention on POPs ［OB/EL］. http://www.pops.int/TheConvention/ThePOPs/TheNewPOPs/tabid/2511/Default.aspx, 2017−08−16.

［120］Venier M, Ma Y N, Hites R A. Bromobenzene flame retardants in the Great Lakes atmosphere ［J］. Environmental Science and Technology, 2012, 46（16）: 8653−8660.

［121］Watanabe I, Sakai S I. Environmental release and behavior of brominated flame retardants [J]. Environmental International, 2003, 29（6）, 665-682.

[122] Gauthier L T, Hebert C E, Weseloh D V C, et al. Current-use flame retardants in the eggs of herring gulls（Larus argentatus）from the Laurentian Great lakes [J]. Environmental Science and Technology, 2007, 41（13）: 4561-4567.

[123] WHO. Flame retardants: a general introduction [S]. Environmental health criteria, 1997: 192.

[124] Li P, Jin J, Wang Y, et al. Concentrations of organophosphorus, polybromobenzene, and polybrominated diphenyl ether flame retardants in human serum, and relationships between concentrations and donor ages [J]. Chemosphere, 2017（171）: 654-660.

[125] Harju M, Eldbjørg S H, Dorte H, et al. Current state of knowledge and monitoring requirements, emerging "new" brominated flame retardantsin flame retarded products and the environment [R]. 2009, SFT Statens forurensningstilsyn, Norwegian pollution control authority, Oslo.

[126] Möller A, Xie Z Y, Cai M H, et al. Brominated flame retardants and dechlorane plus in the marine atmosphere from Southeast Asia toward Antarctica [J]. Environmental Science and Technology, 2012, 46（6）: 3141-3148.

[127] Gorga M, Martínez E, Ginebreda A, et al. Determination of PBDEs, HBB, PBEB, DBDPE, HBCD, TBBPA and related compounds in sewage sludge from Catalonia（Spain）[J]. Science of the Total Environment, 2013, 444（2）: 51-59.

[128] Yuan H D, Jin J, Bai Y, et al. Concentrations and distributions of

polybrominated diphenyl ethers and novel brominated flame retardants in tree bark and human hair from Yunnan Province, China [J]. Chemosphere, 2016, (154): 319-325.

[129] Sühring R, Freese M, Schneider M, et al. Maternal transfer of emerging brominated and chlorinated flame retardants in European eels [J]. Science of the Total Environment, 2015 (530-531): 209-218.

[130] Saini A, Thaysen C, Jantunen L, et al. From clothing to laundry water: investigating the fate of phthalates, brominated flame retardants, and organophosphate esters [J]. Environmental Science and Technology, 2016, 50 (17): 9289-9297.

[131] Zhu L Y, Ma B L, Hites R A. Brominated flame retardants in serum from the general population in Northern China [J]. Environmental Science and Technology, 2009, 43 (18): 6963-6968.

[132] Wang Q, Yuan H, Jin J, et al. Polychlorinated biphenyl concentrations in pooled serum from people in different age groups from five Chinese cities [J]. Chemosphere, 2018 (198): 320-326.

[133] Moller A, Xie Z Y, Caba A, et al. Occurrence and air-seawater exchange of brominated flame retardants and dechlorane plus in the North Sea [J]. Atmospheric Environment, 2012, 46 (3): 346-353.

[134] Ezechiáš M, Covino S, Cajthaml T. Ecotoxicity and biodegradability of new brominated flame retardants:A review [J]. Ecotoxicology and Environmental Safety, 2014 (110): 153-167.

[135] Wu J P, Guan Y T, Zhang Y, et al. Several current-use, non-PBDE brominated flame retardants are highly bioaccumulative: evidence from field

determined bioaccumulation factors [J] . Environmental International, 2011, 37 (1) : 210−215.

[136] Nyholm J R, Lundberg C, Andersson P L. Biodegradation kinetics of selected brominated flame retardants in aerobic and anaerobic soil [J] . Environmental Pollution, 2010, 158 (6) : 2235−2240.

[137] Harju M, Eldbjørg S H, Dorte H, et a1. Current state of knowledge and monitoring requirements, emerging "new" brominated flame retardantsin flame retarded products and the environment [R] . 2009, SFT Statens forurensningstilsyn, Norwegian pollution control authority, Oslo.

[138] Salamova A, Hites R A. Brominated and chlorinated flame retardants in tree bark from around the globe [J] . Environmental Science and Technology, 2013, 85 (1) : 349−354.

[139] Oberg T. Halogenated aromatics from steel production: Results of a pilot−scale investigation [J] . Chemosphere, 2004, 56 (5) : 441−448.

[140] Rupp S, Metzger J W. Brominated-chlorinated diphenyl ethers formed by thermolysis of polybrominated diphenyl ethers at low temperatures [J] . Chemosphere, 2005, 60 (11) : 1644−1651.

[141] Gouteux B, Alaee M, Mabury S A, et a1. Polymeric brominated flame retardants: Are they a relevant source of emerging brominated aromatic compounds in the environment? [J] Environmental Science and Technology, 2008, 42 (24) : 9039−9044.

[142] 齐元静, 杨宇, 金凤君 . 中国经济发展阶段及其时空格局演变特征 [J] . 地理学报, 2013, 68 (4) : 517−531.

[143] 2014 年四平市国民经济和社会发展的统计公报 [OB/EL] .

http://www.siping.gov.cn/sq1/fzsp/tjgb/201609/t20160926_4632.html, 2017-08-16. 注：怀化、甘孜均为地级行政单元, 伊通隶属四平市, 故用四平市 GDP 代替伊通。

［144］怀化市 2014 年国民经济与社会发展统计公报［OB/EL］. http://www.hhtj.gov.cn/Main-ShowArticle-9054.html, 2017-08-16.

［145］甘孜州 2014 年国民经济和社会发展统计公报［OB/EL］. http://www.gzztjj.gov.cn/12399/12400/12474/2015/08/12/10485260.shtml, 2017-08-16.

［146］Shahawi M S E, Hamza A, Bashammakh A S, et al. An overview on the accumulation, distribution, transformations, toxicity and analytical methods for the monitoring of persistent organic pollutants［J］. Talanta, 2010（80）: 1587-1597.

［147］Anderson H A, Imm P, Knobeloch L, et al. Polybrominated diphenyl ethers（PBDE）in serum: Findings from a US cohort of consumers of sport-caught fish［J］. Chemosphere, 2008（73）: 187-194.

［148］He C, Jin J, Xiang B, et al. Upper Yellow River air concentrations of organochlorine pesticides estimated from tree bark, and their relationship with socioeconomic indices［J］. J. Environ. Sci, 2014（26）: 593-600.

［149］Kunisue T, Someya M, Kayama F, et al. Persistent organochlorines in human breast milk collected from primiparae in Dalian and Shenyang, China［J］. Environmental Pollution, 2004（131）: 381-392.

［150］Lin T, Nizzettoc L, Guo Z G, et al. DDTs and HCHs in sediment cores from the coastal East China Sea［J］. Science of the Total Environment, 2016（539）: 388-394.

［151］Pi N, Chia S E, Ong C N, et al. Associations of serum organohalogen levels and prostate cancer risk: Results from a case-control study in Singapore ［J］. Chemosphere, 2016（144）: 1505-1512.

［152］Burns J S, Williams P L, Sergeyev O, et al. Serum Concentrations of Organochlorine Pesticides and Growth among Russian Boys ［J］. Environ Health Perspect, 2012（120）: 303-308.

［153］Li Y F, Cai D J, Singh A, et al. Technical hexachlorocyclohexane use trends in China and their impact on the environment ［J］. Arch. Environ. Contam. Toxicol, 1998（35）: 688-697.

［154］Zhang G, Parker A, House A, et al. Sedimentary records of DDT and HCH in the Pearl River Delta, South China ［J］. Environmental Science and Technology, 2002（36）: 3671-3677.

［155］Kang J H, Park H, Chang Y S, et al. Distribution of organochlorine pesticides（OCPs）and polychlorinated biphenyls（PCBs）in human serum from urban areas in Korea ［J］. Chemosphere, 2008（73）: 1625-1631.

［156］Ali N, Mehdi T, Malik R N, et al. Levels and profile of several classes of organic contaminants in matched indoor dust and serum samples from occupational settings of Pakistan ［J］. Environmental Pollution, 2014（193）: 269-276.

［157］Qin Y Y, Leung C K M, Lin C K, et al. Halogenated POPs and PAHs in Blood Plasma of Hong Kong Residents ［J］. Environmental Science and Technology, 2011（45）: 1630-1637.

［158］Wang H S, Chen Z J, Wei W, et al. Concentrations of organochlorine pesticides（OCPs）in human blood plasma from Hong Kong:

Markers of exposure and sources from fish [J] . Environmental International, 2013 (54) : 18–25.

[159] Antonio T A, Edith R P N, Rogelio F R, et al. Assessment of persistent organic pollutants levels in blood samples from Quintana Roo. Mexico [J] . Int. J. Hyg. Environ. Health, 2012 (216) : 284–289.

[160] CDC, 2009. Third National Report on Human Exposure to Environmental Chemicals. Centers for Disease Control and Prevention, Washington, DC.

[161] Hagmar L, Wallin E, Vessby B, et al. Intra–individual variations and time trends 1991–2001 in human serum levels of PCB, DDE and hexachlorobenzene [J] . Chemosphere, 2006 (64) : 1507–1513.

[162] Masuda Y, Haraguchi K, Kono S, et al. Concentrations of dioxins and related compounds in the blood of Fukuoka residents [J] . Chemosphere, 2005 (58) : 329–344.

[163] Guo H, Jin Y L, Cheng Y B, et al. Prenatal exposure to organochlorine pesticides and infant birth weight in China [J] . Chemosphere, 2014 (110) : 1–7.

[164] Long M H, Knudsen A K S, Pedersen H S, et al. Food intake and serum persistent organic pollutants in the Greenlandic pregnant women: The ACCEPT sub-study [J] . Science of the Total Environment, 2015 (529) : 198–212.

[165] Artacho F, Fernández M, Garde C, et al. Serum and adipose tissue as matrices for assessment of exposure to persistent organic pollutants in breast cancer patients [J] . Environ. Res, 2015 (142) : 633–643.

［166］Thomas G O, Wilkinson M, Hodson S, et al. Organohalogen chemicals in human blood from the United Kingdom［J］. Environmental Pollution, 2006（141）: 30-41.

［167］Fujii Y, Harada K H, Hitomi T, et al. Temporal trend and age-dependent serum concentration of phenolic organohalogen contaminants in Japanese men during 1989-2010［J］. Environmental Pollution, 2014（185）: 228-233.

［168］Smith D. Worldwide trends in DDT levels in human breast milk［J］. Int J Epidemiol, 1999（28）: 179-188.

［169］Han S Y, Qiao J Q, Zhang Y Y, et al. Determination of n-octanol/water partition coefficient for DDT-related compounds by RP-HPLC with a novel dual-point retention time correction［J］. Chemosphere, 2011（83）: 131-136.

［170］Grainnet, 2016. The distribution map of Chinese wheat［OB/EL］. http://www.grainnet.cn/zt/lysdcq.html/（accessed 16.08.01）.

［171］Wang F S. Tibet wheat smut and its prevention. Tibet agricultural science and technology, 1979（2）: 32-35.

［172］刘诗音. 民族地区经济发展的趋势与思考［J］. 经济论坛, 2018, 573（4）: 4-10.

［173］单德朋, 郑长德. 中国少数民族地区经济活动的空间集聚特征与影响因素［J］. 西南民族大学学报（人文社会科学版）, 2018（6）: 115-123.

［174］叶琪. 我国区域产业转移的态势与承接的竞争格局［J］. 经济地理, 2014, 34（3）: 91-97.

［175］Brunsdon C, Fotheringham A S, Charlton M E. Geographically

weighted regression: a method for exploring spatial nonstationarity [J].
Geographical analysis, 1996, 28 (4): 281–298.

[176] Brunsdon C, Fotheringham A S, Charlton M E. Some notes on parametric significance tests for geographically weighted regression [J]. Journal of Regional Science, 1999, 39 (3): 497–524.

[177] Fotheringham A S, Charlton M E, Brunsdon C. Geographically weighted regression: a natural evolution of the expansion method for spatial data analysis [J]. Environment and planning, 1998 (30): 1905–1927.

[178] Fotheringham A S, Charlton M E, Brunsdon C. The geography of parameter space: an investigation of spatial non-stationarity [J]. International Journal of Geographical Information Systems, 1996, 10 (5): 605–627.

[179] Fotheringham A S, Brunsdon C, Charlton M E. Geographically weighted regression [M]. New York: Wiley, 2002.

[180] Nakata H, Kawazoe M, Arizono K, et al. Organochlorine pesticides and polychlorinated biphenyl residues in foodstuffs and human tissues from China: Status of contamination, historical trend, and human dietary exposure [J]. Archives of Environ. Contam. Toxicol, 2002 (43): 473–480.